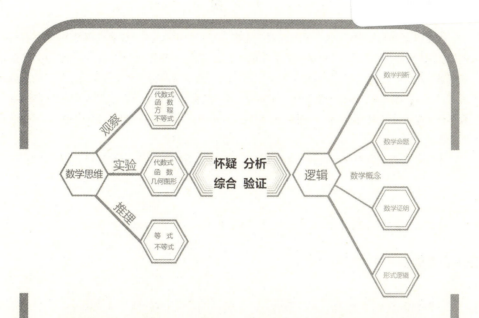

数学思维培训
基础教程

高中版

俞海东 编著

中国科学技术大学出版社

内容简介

本书从数学解题程序、数学思维和数学逻辑三个层面进行介绍.数学解题程序对如何审题、如何分析、如何叙述解答、如何验证作了系统化的提炼,以达到解题时万法归一,系统、有效、快速地找到解决数学问题的方法;数学思维则从观察、实验、推理与证明三个角度来阐述对于数学问题的思考过程,本书阐述了推理与证明的一般方法;数学逻辑阐述的是数学中逻辑的一般规律,本书对数学概念从文字表达、符号表达、图像表达和数学形象四个维度进行把握,以达到对数学概念最本质的揭示.

本书适合备战高考与竞赛的学生使用,也可供数学爱好者参考.

图书在版编目(CIP)数据

数学思维培训基础教程/俞海东编著. —合肥:中国科学技术大学出版社,2018.6(2019.12重印)

ISBN 978-7-312-04404-5

Ⅰ.数… Ⅱ.俞… Ⅲ.中学数学课—高中—题解—升学参考资料 Ⅳ.G634.605

中国版本图书馆 CIP 数据核字(2018)第 045148 号

出版	中国科学技术大学出版社
	安徽省合肥市金寨路96号,230026
	http://press.ustc.edu.cn
	https://zgkxjsdxcbs.tmall.com
印刷	合肥华苑印刷包装有限公司
发行	中国科学技术大学出版社
经销	全国新华书店
开本	787 mm×1092 mm 1/16
印张	9.75
字数	196千
版次	2018年6月第1版
印次	2019年12月第2次印刷
定价	36.00元

前　　言

著名数学家华罗庚说过:"学数学不解题,如入宝山而空返."其实,掌握数学就意味着善于解题.每个学习数学的人都希望自己能用简捷而准确的思维解决各种数学问题.对于高中生而言,不仅仅要会解题,更重要的是通过高中三年的系统学习,真正掌握数学思维,即便在高考短短的两个小时内,也能迅速解决各种类型的数学题目.

当前,很多学生把大量的宝贵时间花在了题海之中,他们或许都有着这样的困惑:为什么题做了那么多,数学成绩却没有明显提升?

这是因为数学学习可以分为两类,即陈述性知识学习和程序性知识学习.程序性知识包括数学方法、数学思想和数学思维.目前数学的教学过多地强调数学陈述性知识,而对数学思维的培养重视不够,导致学生的数学思维能力普遍不高,以至于对考试中很多需要数学思维引导的题目难以自己解决.

本书就是试图通过系统的数学思维理论的介绍,引导学生去思考,加强学生对数学思维的培养,从而改变学生的数学思维方式.

本书从数学解题程序、数学思维和数学逻辑三个层面进行介绍.

本书的特色主要表现在:① 针对性强.为学生备战高考与竞赛服务,为学生进入数学世界服务.② 系统性好.数学知识只有构建出一个有效的体系,才能快速帮我们解决问题,本书利用思维导图这一工具,引导学生系统把握思考方向.③ 思维性高.数学是思维的体操,站在思维的高度去欣赏题目,才能有效解决问题.

需要注意的是,思维训练不仅需要时间的投入,更需要用心.从长远来说,数学思维方法的系统培训是学好数学的不二法门.只要同学们在本书的指引下坚持不懈地学习,掌握数学思维的本质,不仅将在数学学习上获得成功,而且思维品质会得到提升,理性思维会大大加强,学习效率也会有所提高.

本书的内容框架如下：

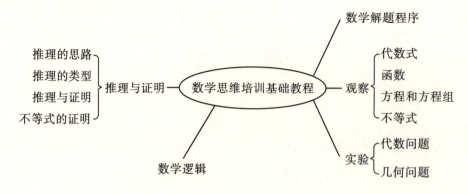

数学思维培训师　俞海东
2018 年 4 月于剡溪河畔

目 录

前言 ………………………………………………………………………… (ⅰ)

第 1 章　绪论 ……………………………………………………………… (1)

第 2 章　数学解题程序 …………………………………………………… (3)
2.1　解题程序化操作 ……………………………………………………… (3)
2.2　解题程序总纲 ………………………………………………………… (11)
2.3　具体应用介绍 ………………………………………………………… (16)
2.4　简化解题程序的一般步骤 …………………………………………… (20)

第 3 章　观察 ……………………………………………………………… (22)
3.1　观察代数式 …………………………………………………………… (24)
3.2　观察函数 ……………………………………………………………… (37)
3.3　观察方程和方程组 …………………………………………………… (49)
3.4　观察不等式 …………………………………………………………… (68)

第 4 章　实验 ……………………………………………………………… (82)
4.1　数学实验模式演示 …………………………………………………… (83)
4.2　数学实验应用举例 …………………………………………………… (84)

第 5 章　推理与证明 ……………………………………………………… (100)
5.1　推理与证明的思路 …………………………………………………… (101)
5.2　推理与证明举例 ……………………………………………………… (107)

第 6 章　数学中的逻辑知识 ……………………………………………… (124)
6.1　逻辑观念下的数学概念学习 ………………………………………… (125)

6.2 判断的意义和种类 …………………………………………………… (132)

6.3 简单命题和复杂命题 …………………………………………………… (137)

6.4 形式逻辑的基本规律 …………………………………………………… (143)

参考文献 …………………………………………………………………… (149)

后记 ………………………………………………………………………… (150)

第1章 绪 论

1. 数学、数学教育的现状及数学思维

(1) 数学

数学作为人类思维的表达形式,反映了人们积极进取的意志、缜密周详的推理以及对完美意境的追求.它的基本要素是逻辑和直观、分析和构作、一般性和特殊性.虽然不同的传统强调不同的方面,但正是这些互相对立的力量的相互作用以及综合起来的努力才构成了数学科学的生命、用途和它的崇高价值.(如果需要加深对数学本质的理解,可以去看R·柯朗的《什么是数学》一书.)

(2) 数学教育的现状

大多数老师按知识点来构建体系,按题型分类,并以此来教授学生.只有少数老师认为数学应该以概念和公理为基础,依照数学思维和逻辑来构建数学体系,他们认为授课的着重点不在于知识点的讲授,而在于概念与公理的深刻理解和数学思维的强化训练,以及对数学的兴趣的培养.知识点和题型的授课方式只能在短时间内提高学生的分数,但并不能切实提高学生的素质,而且长时间来看,可能会僵化学生的思维,打击学生对数学的兴趣,对学生的长期发展十分不利.

(3) 数学思维

数学思维指在数学活动中的思维,是人脑和数学对象(空间形式、数量关系、结构关系等)交互作用并按照一定思维规律认识数学内容的内在理性活动.它既具有思维的一般性质,又有自己的特性.它最主要的特性表现在思维的材料和结果都是数学内容.

2. 围绕数学思维学习数学

(1) 数学知识的三种形态

经验知识、公理系统和形式系统是数学知识的三种形态.经验知识是有关数学模型及其解决方法的知识;公理系统是应用公理方法从某门数学经验知识中提炼出少数基本概念和公理作为推理的前提,然后根据逻辑规则演绎出属于该门知识的命题,从而构成的一个演绎系统;形式系统是形式化了的公理系统,由形式语言、公理和推理规则

组成.

（2）数学方法

数学方法是在数学思想的指导下,为数学思维活动提供的具体的实施手段,是提出问题、解决问题过程中所采用的各种数学方式、手段、途径等.

（3）数学思想

数学思想是人们对数学知识的本质认识,是从某些具体的数学内容和对数学的认识过程中提炼上升的数学观点,它在认识活动中被反复运用,带有普遍的指导意义,是建立数学、掌握数学和用数学解决问题的指导思想.常见的数学四大思想为函数与方程、转化与化归、分类讨论、数形结合.

（4）高中生的数学思维

高中生的数学思维是指学生在对高中数学有了感性认识的基础上,运用归纳、类比、演绎、证明等思维的基本方法,理解并掌握高中数学内容,同时能对具体的数学问题进行推论与判断,获得对高中数学知识本质和规律的认识能力.在数年的教学实践中,作者发现许多学生的这种思维能力存在缺陷,制约了学生的进一步发展.

对于一个高中生而言,数学水平取决于对数学知识、数学方法、数学思想、数学思维和数学逻辑的把握程度,五个方面缺一不可,并且前者是后者的基础.

由于数学知识、数学基本方法在平常的数学教学中经常出现,所以本书重点围绕数学思维的培训展开.

数学思维的学习是先观察,然后实验,再对实验结果进行归纳、类比推理,逻辑分析,最后证明.

数学思维学习的思维导图如图1.1所示.

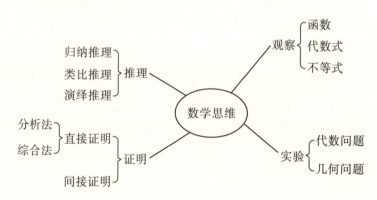

图1.1

第2章 数学解题程序

现代认知心理学研究告诉我们,学生学习数学的过程实际上是一个数学认知的过程,在这个过程中学生在老师的指导下把教材知识结构转化成自己的数学认知结构.所谓数学认知结构就是学生头脑里获得的数学知识结构,它分化为知识、方法、思想和思维四个维度.而数学知识结构是由数学概念和命题构成的数学知识体系,它以最简约、最概括的方式反映了人类对世界数量关系和空间形式的认识成果,是科学真理的客观反映.

对学生进行数学思维培训,就是在学生原来的数学认知结构基础之上,将数学知识结构用文字、符号和图像的形式展示,并配以思维导图的模式传授给学生,以期学生建立更为高效有用的数学知识结构.

2.1 解题程序化操作

经过规范化而成为可操作的解题过程,是解题的最终形式,也是思想与实践的连接点.

1. 审题、读题,条件的转化

弄清楚用到了哪些知识(或方法),先用哪些,后用哪些,哪个与哪个做了结合,最后组成一个怎么样的逻辑结构,学会对解题过程做结构分析,是提高解题能力的有效途径.先看一个简单的例子.

例2.1 已知函数 $f(x)=\dfrac{bx+c}{ax^2+1}(a,c\in\mathbf{R},a>0,b$ 是自然数$)$是奇函数,$f(x)$有最大值 $\dfrac{1}{2}$,且 $f(1)>\dfrac{2}{5}$.求函数 $f(x)$ 的解析式.

分析 本题条件较多,搞清楚每个条件,就是将条件转化为关于 a,b,c 的限制条件.了解结论,求解析式就是求 a,b,c.

因为 $f(x)$ 是奇函数,所以 $f(-x) = -f(x)$,即 $\dfrac{-bx+c}{ax^2+1} = -\dfrac{bx+c}{ax^2+1}$,亦即 $-bx+c = -bx-c$,故 $c=0$.于是 $f(x) = \dfrac{bx}{ax^2+1}$.

由 $a>0, b$ 是自然数,得当 $x \leqslant 0$ 时,$f(x) \leqslant 0$;当 $x>0$ 时,$f(x)>0$.所以 $f(x)$ 的最大值在 $x>0$ 时取得且 $b>0$.

当 $x>0$ 时,$f(x) = \dfrac{1}{\dfrac{a}{b}x + \dfrac{1}{bx}} \leqslant \dfrac{1}{2\sqrt{\dfrac{a}{b^2}}}$,当且仅当 $\dfrac{a}{b}x = \dfrac{1}{bx}$ 时取等号,即 $x = \sqrt{\dfrac{1}{a}}$ 时,$f(x)$ 有最大值 $\dfrac{1}{2\sqrt{\dfrac{a}{b^2}}} = \dfrac{1}{2}$,即 $\sqrt{\dfrac{a}{b^2}} = 1$,于是

$$a = b^2. \qquad ①$$

又 $f(1) > \dfrac{2}{5}$,所以 $\dfrac{b}{a+1} > \dfrac{2}{5}$,即

$$5b > 2a + 2. \qquad ②$$

把式①代入式②,得 $2b^2 - 5b + 2 < 0$,解得 $\dfrac{1}{2} < b < 2$.又 $b \in \mathbf{N}$,所以 $b=1, a=1$.故 $f(x) = \dfrac{x}{x^2+1}$.

点评 审题是解决问题的第一步,未知数是什么?已知数据(已知数、已知图形和其他已知事项)是什么?满足条件是否可能?要确定未知数,条件是否充分?或者它是否不充分?或者是多余的?或者是矛盾的?

2. 一般性解决

在策略水平上解决问题,以明确解题的大致范围和总体方向,这是对思考做定向调控.

例 2.2 数列 $\{a_n\}$ 满足 $a_{n+1} = \dfrac{1}{1-a_n}, a_8 = 2$,则 $a_1 = $ _____ .

解 本题策略分析:根据条件,已知数列的一阶递推关系,根据前一项,可以知道后一项,倒过来,根据后一项也可以知道前一项,所以既然知道 a_8,就可以知道 a_7.

解决总体方向:依次进行,一定可以算到 a_1,当然若已知项与未知项项数相差太大,直接求太麻烦,则要学会寻找前面一些项之间的规律.

因为

$$a_{n+1} = \dfrac{1}{1-a_n},$$

所以
$$1 - a_n = \frac{1}{a_{n+1}},$$
即 $a_n = 1 - \frac{1}{a_{n+1}}$. 又 $a_8 = 2$，所以

$$a_7 = 1 - \frac{1}{a_8} = 1 - \frac{1}{2} = \frac{1}{2},$$

$$a_6 = 1 - \frac{1}{a_7} = -1,$$

$$a_5 = 1 - \frac{1}{a_6} = 2,$$

$$a_4 = 1 - \frac{1}{a_5} = \frac{1}{2},$$

$$\cdots,$$

故 $\{a_n\}$ 是以 3 为周期的数列，于是 $a_1 = a_7 = \frac{1}{2}$.

3. 功能性解决

在数学方法上解决问题，以明确具有解决问题功能的解题手段，这是对解决方法进行选择.

（1）结构分析

例 2.3 在锐角 $\triangle ABC$ 中，若 $\sin A = 2\sin B \cdot \sin C$，则 $\tan A \cdot \tan B \cdot \tan C$ 的最小值为 _____.

解 观察发现条件 $\sin A, \sin B, \sin C$ 无齐次性，因此无法转化为边. 设 $Z = \frac{\sin A \sin B \sin C}{\cos A \cos B \cos C}$（化切为弦）.

列等式
$$\cos B \cos C - \sin B \sin C = \cos(B + C),$$
于是
$$\cos B \cos C = \frac{1}{2}\sin A - \cos A,$$
故
$$Z = \frac{\frac{1}{2}\sin^2 A}{\cos A\left(\frac{1}{2}\sin A - \cos A\right)} = \frac{\sin^2 A}{\cos A(\sin A - 2\cos A)}$$

$$= \frac{\tan^2 A}{\tan A - 2} \quad \text{（利用齐次性消元）}.$$

令 $t = \tan A - 2$,则
$$Z = \frac{(t+2)^2}{t} = t + \frac{4}{t} + 4.$$

因为 $\triangle ABC$ 为锐角三角形,$\cos B \cdot \cos C > 0$,所以 $\frac{1}{2}\sin A - \cos A > 0$,即 $\tan A > 2$,故 $t > 0$.

当 $t = 2$,即 $\tan A = 4$ 时,$Z_{\min} = 8$.

点评 观察到代数式具有齐次性,就对变量比值化;若代数式没有齐次性,则争取增加齐次性.

观察代数式是否具有对称性,然后对等式中的对称变量进行相同处理;若代数式没有对称性,则争取增加对称性.

(2) 条件到结论的结构分析

① 由不等式推出不等式.

例 2.4 等差数列 $\{a_n\}$ 中,$1 \leqslant a_2 \leqslant 3$,$2 \leqslant a_3 \leqslant 4$,求 S_6 的范围.

解 等差数列中,基本量可选为 a_1, d.
$$\begin{cases} 1 \leqslant a_1 + d \leqslant 3, \\ 2 \leqslant a_1 + 2d \leqslant 4, \end{cases}$$
$$S_6 = 6a_1 + 15d = 3(2a_1 + 5d),$$

因为
$$2a_1 + 5d = -(a_1 + d) + 3(a_1 + 2d),$$

所以
$$3 \leqslant 2a_1 + 5d \leqslant 11,$$

故
$$9 \leqslant S_6 \leqslant 33.$$

点评 碰到三个及三个以上的二元一次代数式,考虑将两个二元一次代数式作为"基底",其余的用"基底"表达.

② 由等式推出不等式.

例 2.5 若 $0 < x, y < \frac{\pi}{2}$,且 $\frac{\sin x}{x} = \cos y$,则( ).

A. $y < \frac{x}{4}$ B. $\frac{x}{4} < y < \frac{x}{2}$ C. $\frac{x}{2} < y < x$ D. $x < y$

分析 本题为选择题,可假设某一选项正确,再等价转化到某一已知数,最后分析其是否正确.

假设 $x < y$,则 $\cos x > \cos y$.利用 $\cos y = \frac{\sin x}{x}$,消元得 $\cos x > \frac{\sin x}{x}$,于是 $x > \tan x$.

而 $0<x<\frac{\pi}{2}$,于是 $\sin x<x<\tan x$ 成立,假设不成立,故 $x>y$.

假设 $\frac{x}{2}<y$,则 $\cos\frac{x}{2}>\cos y$. 利用 $\cos y=\frac{\sin x}{x}$,消元得 $\cos\frac{x}{2}>\frac{\sin x}{x}=\frac{2\sin\frac{x}{2}\cdot\cos\frac{x}{2}}{x}$,于是 $x>2\sin\frac{x}{2}$,即 $\frac{x}{2}>\sin\frac{x}{2}$ 成立.

故 $\frac{x}{2}<y$,选 C.

点评 推理方式为由等式推导不等式,可考虑对结论进行反推.

(3) 条件到结论的差异性分析

例 2.6 在 $\triangle ABC$ 中,如果有性质 $a^2=b(b+c)$,求证: $A=2B$.

分析条件 条件与结论中的符号为 a,b,c,A,B,根据正弦定理与余弦定理使用的各种情况,可列出方程

$$\cos A=\frac{b^2+c^2-a^2}{2bc},$$

$$\cos B=\frac{a^2+c^2-b^2}{2ac},$$

$$\frac{a}{\sin A}=\frac{b}{\sin B}.$$

分析结论 从结论来看是一个证明题,证明问题的方向有两种:综合法是从已知出发到结论,分析法是从结论出发到已知.

结论为 $A=2B$,证明过程就是不断寻找条件 $a^2=b(b+c)$ 的必要条件(即中间结论),最后由中间结论推出 $A=2B$;或者不断寻找结论 $A=2B$ 成立的充分条件(即中间结论),最后中间结论为条件 $a^2=b(b+c)$ 的充分条件. 由于条件为边,比较复杂,结论为角,比较简单,且为等式,所以可以考虑分析结论 $A=2B$ 的充要条件.

要证明 $A=2B$,只需证明 $A-B=B$.

因为 $0<A<\pi,0<B<\pi$,所以只需证 $\sin(A-B)=\sin B$.

$$\sin(A-B)=\sin B\Leftrightarrow\sin A\cos B-\cos A\sin B=\sin B$$

$$\Leftrightarrow a\frac{a^2+c^2-b^2}{2ac}-b\frac{b^2+c^2-a^2}{2bc}=b$$

$$\Leftrightarrow a^2-b^2=bc$$

$$\Leftrightarrow a^2=b^2+bc=b(b+c),$$

得证.

点评 观察条件与结论的差异性,决定问题的解决方向.

分析条件与结论的变量差异,利用等式将多余的变量消去,或利用不等式消去结论

中没有出现的变量(结合不等式的传递性).

分析条件与结论的代数式次数差异,寻找通过等式运算或不等式运算将代数式统一的途径.

(4) 程序性分析

例 2.7 已知 $\triangle ABC$ 的内切圆半径是 2,$\tan A = -\dfrac{4}{3}$,求 $\triangle ABC$ 面积的最小值.

分析 ① 弄清元素.

本题中的元素是次要元素 r 和主要元素 A,把次要元素 r 转化为
$$\frac{2S}{a+b+c} = \frac{bc\sin A}{a+b+c},$$
即 $r = \dfrac{bc\sin A}{a+b+c}$,这样就把 r 转化为主要元素的关系式.

② 弄清条件.

观察另一个条件"$\tan A = -\dfrac{4}{3}$".因为 $\tan A < 0$,所以在 $\triangle ABC$ 中,$A > \dfrac{\pi}{2}$,得
$$\cos A = -\frac{3}{5}, \quad \sin A = \frac{4}{5},$$
代入上一个条件可得
$$a + b + c = \frac{2}{5}bc,$$
其中 $a,b,c > 0$.又根据出现的主要元素 a,b,c 和 A,利用余弦定理列出等式,可得
$$a^2 = b^2 + c^2 - 2bc\cos A = b^2 + c^2 + \frac{6}{5}bc.$$

③ 弄清结论.

解三角形的问题主要有"证明……"或"推算……"型问题、"求……(值)"或"求所有的……(值)"型问题、"是否存在……"型问题.

本题是求三角形面积的最小值,即"求……(值)"型问题.

④ 作图,引入适当的符号.

本题作图如图 2.1 所示.

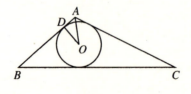

图 2.1

问题就简化为已知

$$\begin{cases} \tan A = -\dfrac{4}{3}, \\ a + b + c = \dfrac{2}{5}bc, \qquad ① \\ a^2 = b^2 + c^2 + \dfrac{6}{5}bc, \qquad ② \end{cases}$$

目标函数为

$$S = \frac{1}{2}bc\sin A.$$

目标是要消去 a，由式②得

$$(b+c)^2 - a^2 = \frac{4}{5}bc,$$

所以

$$(b+c+a)(b+c-a) = \frac{4}{5}bc, \qquad ③$$

将式①代入式③得

$$b + c - a = 2. \qquad ④$$

由式①和式④得

$$(b+c-2) + b + c = \frac{2}{5}bc,$$

即

$$\frac{2}{5}bc = 2(b+c) - 2.$$

接下来的解题步骤就和上述的不等式问题相类似.

$$\frac{2}{5}bc = 2(b+c) - 2 \geqslant 4\sqrt{bc} - 2.$$

令 $\sqrt{bc} = t$，得

$$\frac{2}{5}t^2 - 4t + 2 \geqslant 0,$$

解得

$$t \geqslant 5 + 2\sqrt{5} \quad \text{或} \quad t \leqslant 5 - 2\sqrt{5},$$

于是

$$bc \geqslant (5 + 2\sqrt{5})^2 = 45 + 20\sqrt{5},$$

所以

$$S = \frac{2}{5}bc \geqslant \frac{2}{5}(45 + 20\sqrt{5}) = 18 + 8\sqrt{5}.$$

综上所述，当 $a = 8 + 4\sqrt{5}$，$b = c = 5 + 2\sqrt{5}$ 时，$\triangle ABC$ 的面积取得最小值 $18 + 8\sqrt{5}$.

点评 程序性操作是将数学解题方法统一起来，特别适合应对陌生的、难的问题.

4. 特殊性解决

在数学技能水平上解决问题，以进一步缩小功能性解决问题的途径，明确运算程序或推理步骤，这是对细节做实际完成.

例 2.8 若动点 P,Q 在椭圆 $9x^2 + 16y^2 = 144$ 上，且满足 $H \in PQ$，$\overrightarrow{OP} \cdot \overrightarrow{OQ} = 0$，$\overrightarrow{OH} \cdot \overrightarrow{PQ} = 0$，则 $|\overrightarrow{OH}| = (\quad)$.

A. $6\frac{2}{3}$ B. $5\frac{3}{4}$ C. $2\frac{2}{5}$ D. $\frac{4}{15}$

分析 如图 2.2 所示，条件动点 P,Q 在椭圆上动，考虑实验，令 P 为上顶点，Q 为右顶点，满足 $\overrightarrow{OP} \cdot \overrightarrow{OQ} = 0$. 又因为 $H \in PQ$，$\overrightarrow{OH} \cdot \overrightarrow{PQ} = 0$，所以 OH 为 $\triangle OPQ$ 斜边 PQ 上的高，

$$h = \frac{\frac{1}{2} \times 3 \times 4}{\frac{1}{2} \times 5} = \frac{12}{5}.$$

故选 C.

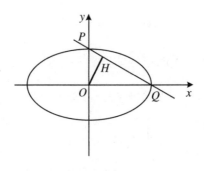

图 2.2

点评 两动点在轨迹上动，又要满足条件 $\overrightarrow{OP} \cdot \overrightarrow{OQ} = 0$，一般让一个动点在动，另一个随前一个动点变化，将多动点问题转化为单动点问题.

2.2 解题程序总纲

根据福建师范大学卢正勇教授的解题程序改编,如图2.3所示.

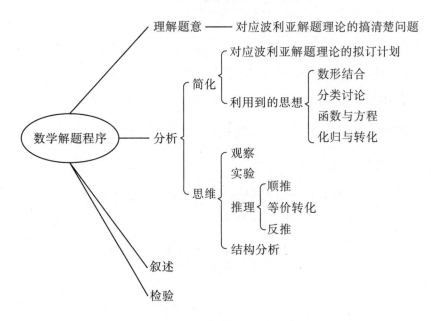

图 2.3

1. 理解题意(对应波利亚解题理论的搞清楚问题)

这一步的目的是弄清楚问题中的已知与所求,包括:

① 尽可能地作图或制表,以便借助直观启发思维;

② 把原来用文字叙述的问题,通过引进图形、字母、符号,改用数学语言或公式来表达;

③ 把已知与所求的事项进行细分;

④ 尽可能地把已知与所求分别做初步等价变化,使问题的实质更加显露.

例 2.9 已知 F_1, F_2 分别为双曲线 $\dfrac{x^2}{a^2} - \dfrac{y^2}{b^2} = 1$ 的左、右焦点,P 为双曲线右支上一点,满足 $|PF_2| = |F_1F_2|$,直线 PF_1 与圆 $x^2 + y^2 = a^2$ 相切,则双曲线的离心率为_____.

分析 如图 2.4 所示,画一个双曲线图形,取 P 为双曲线右支上一点,所以
$$|PF_1| = |PF_2| + 2a = 2c + 2a.$$
①

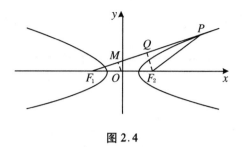

图 2.4

因为 $|PF_2|=|F_1F_2|$,所以 $\triangle PF_1F_2$ 为等腰三角形,在图中找到 PF_1 的中点 Q,连接 QF_2,则 QF_2 为等腰三角形的中线,即 $QF_2\perp PF_1$.因为直线 PF_1 与圆 $x^2+y^2=a^2$ 相切,设 PF_1 与圆相切于点 M,连接 MO,得到 $OM\perp PF_1$,这里 O 为 F_1F_2 的中点,所以 $OM\parallel QF_2$,中位线 OM 为 QF_2 的一半,得到 $|F_1M|=\dfrac{1}{4}|PF_1|$.

又因为在直角 $\triangle F_1MO$ 中,
$$|F_1M|^2=|F_1O|^2-a^2=c^2-a^2=b^2,$$
所以
$$|F_1M|=b=\dfrac{1}{4}|PF_1|. \qquad ②$$

结合双曲线中
$$c^2=a^2+b^2, \qquad ③$$

由式①~式③得 $\dfrac{b}{a}=\dfrac{4}{3}$,所以 $e=\dfrac{5}{3}$.

点评 很多时候,题目的条件与条件之间的衔接不是很紧密,条件与结论的关联不是很直接,这是导致学生解题无法进行的原因.将题目的条件与结论用图形表达出来,是找到它们之间联系的最有效的方法.

2. 分析

(1) 简化(对应波利亚解题理论的拟订计划)

① 在理解题意时所做的初步等价变化,往往也就是把问题简化,有时还可以进一步简化,通常包括简单化、特殊化、具体化.

② 这个阶段要考虑利用到的数学思想——数形结合、分类讨论、函数与方程、化归与转化.

例 2.10 对于函数 $f(x)$,若 $\forall a,b,c\in \mathbf{R}$,$f(a),f(b),f(c)$ 为某一三角形的三边长,则称 $f(x)$ 为"可构造三角形函数",已知函数 $f(x)=\dfrac{\mathrm{e}^x+t}{\mathrm{e}^x+1}$ 是"可构造三角形函数",

则实数 t 的取值范围是( ).

A. $[0,+\infty)$ B. $[0,1]$ C. $[1,2]$ D. $\left[\dfrac{1}{2},2\right]$

分析 条件 $\forall a,b,c\in \mathbf{R}, f(a),f(b),f(c)$ 为三角形的三边长,转化为
$$f(a)+f(b)>f(c),$$
再转化为最值问题
$$[f(a)+f(b)]_{\min}>f(c)_{\max},$$
即 $2f(x)_{\min}>f(x)_{\max}$. 接下来研究 $f(x)$ 的最值.
$$f(x)=1+\dfrac{t-1}{e^x+1}.$$

当 $t>1$ 时,$f(x)$ 在 $\mathbf{R}$ 上递减,于是
$$\begin{cases} x\to -\infty, f(x)\to t, \\ x\to +\infty, f(x)\to 1, \end{cases}$$
即 $1<f(x)<t, 2\geqslant t$,故 $1<t\leqslant 2$.

当 $t<1$ 时,$f(x)$ 在 $\mathbf{R}$ 上递增,于是
$$\begin{cases} x\to -\infty, f(x)\to t, \\ x\to +\infty, f(x)\to 1, \end{cases}$$
即 $t<f(x)<1, 2t\geqslant 1$,故 $\dfrac{1}{2}\leqslant t<1$.

综上所述,$\dfrac{1}{2}\leqslant t\leqslant 2$.故选 D.

点评 条件转化过程中出现的三元不等式 $f(a)+f(b)>f(c)$ 恒成立,转化为 $2f(x)_{\min}>f(x)_{\max}$ 一元最值问题,前提是 a,b,c 相互独立.

(2) 思维

① 观察.

② 实验.

a. 直接通过实验来求解;

b. 有些问题虽然不能直接通过实验求解,但可考虑特例,尤其是极端情况,由此得到启发.

③ 推理.

a. 试用倒推法;

b. 试用反证法.

④ 结构分析:交并.

a. 暂时放弃问题的一些条件,先在部分条件下求解,然后把放弃的条件加上再考虑,这是交集思想的运用;

b. 把问题涉及的范围划分为几部分,逐一解决部分问题,这是并集思想的运用.

例 2.11 已知正项数列 $\{a_n\}$ 满足 $S_n = \dfrac{1}{2}\left(a_n + \dfrac{1}{a_n}\right)$,求出前四项,并猜测 a_n.

分析 对研究对象进行观察,观察解决不了问题的时候,对递推式进行实验,$a_1 = S_1 = \dfrac{1}{2}\left(a_1 + \dfrac{1}{a_1}\right)$.

又因为 $a_1 > 0$,所以
$$a_1 = 1.$$

当 $n \geqslant 2$ 时,
$$S_n = \dfrac{1}{2}\left(a_n + \dfrac{1}{a_n}\right),$$
$$S_{n-1} = \dfrac{1}{2}\left(a_{n-1} + \dfrac{1}{a_{n-1}}\right),$$

两式相减得
$$a_n = \dfrac{1}{2}\left(a_n + \dfrac{1}{a_n}\right) - \dfrac{1}{2}\left(a_{n-1} + \dfrac{1}{a_{n-1}}\right),$$

即
$$a_n - \dfrac{1}{a_n} = -\left(a_{n-1} + \dfrac{1}{a_{n-1}}\right),$$

因此 $a_2 - \dfrac{1}{a_2} = -2$,又因为 $a_2 > 0$,所以
$$a_2 = \sqrt{2} - 1.$$

$a_3 - \dfrac{1}{a_3} = -2\sqrt{2}$,又因为 $a_3 > 0$,所以
$$a_3 = \sqrt{3} - \sqrt{2}.$$

$a_4 - \dfrac{1}{a_4} = -2\sqrt{3}$,又因为 $a_4 > 0$,所以
$$a_4 = 2 - \sqrt{3}.$$

接下来对实验数据进行归纳推理.

将上面 4 个式子写成统一的形式
$$a_1 = \sqrt{1} - 0,$$
$$a_2 = \sqrt{2} - 1,$$
$$a_3 = \sqrt{3} - \sqrt{2},$$
$$a_4 = \sqrt{4} - \sqrt{3}.$$

由此可以归纳出 $a_n = \sqrt{n} - \sqrt{n-1}$.

点评 当碰到的数学对象不是自己碰到过的,即观察无法解决问题的时候,一般考虑对数学对象的不确定部分进行实验,增加对数学对象的感性认识,然后对实验结果进行归纳推理,启发自己的思维,最后解决问题.

要提出问题,尝试特殊,形成猜想,约定表达方式,建立概念,证明结论,然后进一步提出更一般的问题,这反映了学习和研究数学的一般方法.

3. 叙述

假如在"分析"这一步中,我们已经成功地找到思路,大体上确信从已知可以达到所求,那么接下来就可以考虑如何综合叙述了(包括详细的演算、论证等);假如我们还找不到思路,那么应当再回到对题意的理解,重新探索思路.

例 2.12 经过点 $P(1,t)$ 能够作函数 $f(x)=2x^3-3x$ 的图像的 3 条切线,求 t 的范围.

分析 观察题意,"能够作函数 $f(x)=2x^3-3x$ 的图像的 3 条切线",如图 2.5 所示,有 3 个切点(已经过 P 这一点).

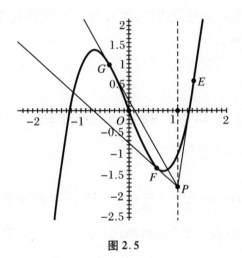

图 2.5

设切点是 (x_0, y_0),则 $y_0 = 2x_0^3 - 3x_0$.

对 $f(x)=2x^3-3x$ 求导,斜率 $k=6x^2-3$.

过点 P 的切线方程为
$$y-(2x_0^3-3x_0)=(6x_0^2-3)(x-x_0),$$
$P(1,t)$ 在其上,于是
$$t-(2x_0^3-3x_0)=(6x_0^2-3)(1-x_0).$$

问题化归为关于 x_0 的方程 $-4x_0^3+6x_0^2-3-t=0$ 有 3 个不同的解.

不断地给自己明确,现在的问题是什么,有什么条件.

设 $g(x_0) = -4x_0^3 + 6x_0^2 - 3 - t$ 有 3 个零点.

化归为函数的零点问题,用函数的知识与工具.

$g'(x_0) = 12(x_0 - x_0^2)$. ——为了确定单调性、极值点.

$g(x_0)$ 在 $x_0 = 1$ 处取得极大值,在 $x_0 = 0$ 处取得极小值. 于是 $g(1) > 0, g(0) < 0$,解得 $-3 < t < -1$.

点评 根据题目的条件,依次表达出题目中的数学对象,并写出数学对象的限制条件,然后将问题转化为自己熟悉的问题.

4. 检验

检验所得的结果,不只是检验计算或推理是否正确,还必须注意:

① 是否引用了所有题设;

② 结果是否符合一般常识,是否合理;

③ 可否通过一些检验;

④ 能否用不同方法得到相同结果.

经检验后如果通过,解题过程就告终;如果通不过,或者局部发现问题,则再修正对题意的理解,重新进行分析.

2.3 具体应用介绍

例 2.13 已知函数 $f(x) = \dfrac{1}{3}x^3 + \dfrac{1}{2}mx^2 + \dfrac{m+n}{2}x$ 的两个极值点分别为 x_1, x_2 且 $0 < x_1 < 1 < x_2$,点 $P(m,n)$ 表示的平面区域内存在点 (x_0, y_0) 满足 $y_0 = \log_a(x_0 + 4)$,则实数 a 的取值范围是( ).

A. $\left(0, \dfrac{1}{2}\right) \cup (1, 3)$
B. $(0, 1) \cup (1, 3)$
C. $\left(\dfrac{1}{2}, 1\right) \cup (1, 3]$
D. $(0, 1) \cup [3, +\infty)$

分析 ① 审题、读题,条件的转化.

对已知函数求导得

$$f'(x) = x^2 + mx + \dfrac{m+n}{2},$$

于是 x_1, x_2 为 $x^2 + mx + \dfrac{m+n}{2} = 0$ 的两根.

令 $g(x)=x^2+mx+\dfrac{m+n}{2}$,由于 $0<x_1<1<x_2$,因此对于二次函数,零点位置也确定了. $g(x)$ 的大致图像如图 2.6 所示.

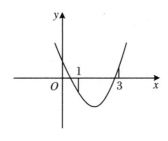

图 2.6

② 一般性解决:属于线性规划问题.

③ 功能性解决:在数学方法上解决问题,以明确具有解决功能的解题手段,这是对解决方法进行选择.

限制条件转化为 $\begin{cases}g(0)>0,\\g(1)<0,\end{cases}$ 即 $\begin{cases}m+n>0,\\3m+n+2<0.\end{cases}$

④ 特殊性解决:在数学技能水平上解决问题,以进一步缩小功能解决的途径,明确运算程序或推理步骤,这是对细节做实际完成.

作出对应可行域,如图 2.7 所示.

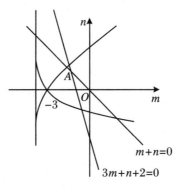

图 2.7

观察函数 $y_0=\log_a(x_0+4)$,恒过定点 $(-3,0)$.

取可行域边界上点 $A(-1,1)$,代入 $y_0=\log_a(x_0+4)$,得 $\log_a 3=1$,解得 $a=3$,A 点取不到,所以 $a\neq 3$.再取可行域内一点 $(-2,5)$,代入 $y_0=\log_a(x_0+4)$,得 $\log_a 2=5$,解得 $a=2^{\frac{1}{5}}$.又当 $0<a<1$ 时,显然成立,故选 B.

点评 当遇到一个特殊问题时,想想它的一般情形是什么,掌握了一种解决个别问题的方法,想想它能不能用来解决别的更一般的问题,这是学数学中应常常注意运用的一种思考方法.

例 2.14 如图 2.8 所示,椭圆 $C:\dfrac{x^2}{9}+\dfrac{y^2}{5}=1$ 的左、右顶点分别为 A,B,过点 $D(1,0)$ 的直线 MN 与椭圆 C 分别交于点 $M(x_1,y_1),N(x_2,y_2)$,其中 $y_1>0,y_2<0$.

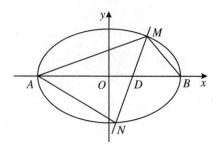

图 2.8

设直线 AM,AN 的斜率分别为 k_1,k_2. 求 k_1k_2 的值.

分析 ① 审题、读题,条件的转化.

条件过点 $D(1,0)$ 的直线 MN 与椭圆 C 分别交于点 $M(x_1,y_1),N(x_2,y_2)$,转化为直线 MN 的方程 $x=my+1$ 与椭圆方程 $\dfrac{x^2}{9}+\dfrac{y^2}{5}=1$ 联立,消去 x 整理得

$$(5m^2+9)y^2+10my-40=0$$

的两根为 y_1,y_2.

② 一般性解决:属于圆锥曲线中的定值问题.

③ 功能性解决:在数学方法上解决问题,采用消元法.

$$\Delta=100m^2+160(5m^2+9)>0,$$

故

$$y_1+y_2=-\dfrac{10m}{5m^2+9},$$

$$y_1y_2=-\dfrac{40}{5m^2+9}.$$

④ 特殊性解决:在数学技能水平上解决问题,以进一步缩小功能解决的途径,明确运算程序或推理步骤,这是对细节做实际完成.

$$k_1k_2=\dfrac{y_1}{x_1+3}\cdot\dfrac{y_2}{x_2+3}=\dfrac{y_1y_2}{(my_1+4)(my_2+4)}$$

$$=\dfrac{y_1y_2}{m^2y_1y_2+4m(y_1+y_2)+16}$$

$$=\dfrac{-\dfrac{40}{5m^2+9}}{\dfrac{-40m^2}{5m^2+9}+\dfrac{-40m^2}{5m^2+9}+16}=\dfrac{-40}{-80m^2+16(5m^2+9)}$$

$$= -\frac{40}{16 \times 9} = -\frac{5}{18}.$$

例 2.15 若方程 $(|x|-1)^2 + b|x^2-|x|| + cx^2 = 0$ 恰有 6 个不同的实数根,则 b,c 的取值情况不可能的是( ).

A. $b = -\sqrt{3}, c = 2$
B. $b = -\dfrac{4}{3}, c = \dfrac{1}{3}$

C. $b = -\sqrt{5}, c = 1$
D. $b = -\dfrac{6}{7}, c = 0$

分析 ① 审题、读题,条件的转化.

方程中有两个量 $|x|, x^2$,根据 $x^2 = |x|^2$ 可统一变形为
$$||x|-1|^2 + b|x|||x|-1| + c|x|^2 = 0.$$
又 $|x| \neq 0$,方程中 $|x|$ 出现太多,两边同除以 $|x|^2$,变形为
$$\left|\frac{1}{|x|}-1\right|^2 + b\left|\frac{1}{|x|}-1\right| + c = 0.$$

② 一般性解决:属于复合函数根的个数问题.

③ 功能性解决:在数学方法上解决问题,利用内外分解简化.

令 $t = \left|\dfrac{1}{|x|}-1\right|$,内外分解得 $t^2 + bt + c = 0$,作出内部函数图像,如图 2.9 所示,可知原方程有 6 个不同的实数根等价于关于 t 的方程 $t^2 + bt + c = 0$ 有 2 个不同的实数解 t_1, t_2.

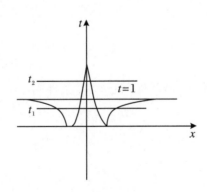

图 2.9

④ 特殊性解决:在数学技能水平上解决问题,以进一步缩小功能解决的途径,明确运算程序或推理步骤,这是对细节做实际完成.

有下列三种情况:

a. $t_1 = 0, 0 < t_2 < 1$,从而有 $-1 < b < 0, c = 0$,于是 $b = -\dfrac{6}{7}, c = 0$ 有可能.

b. $t_1 = 1, 0 < t_2 < 1$,从而有 $1 + b + c = 0, -2 < b < 0, b^2 - 4c > 0$,于是 $b = -\dfrac{4}{3}$,

$c = \frac{1}{3}$ 有可能.

c. $t_1 > 1, 0 < t_2 < 1$,从而有 $1 + b + c < 0, c > 0$,于是 $b = -\sqrt{5}, c = 1$ 有可能.

故 $b = -\sqrt{3}, c = 2$ 不可能,选 A.

点评 解决特殊问题,常常用特殊的方法.解决一般问题,常常用一般的方法.一般的方法可以用来解决特殊问题,但解特殊问题也可以导出一般的方法.

2.4 简化解题程序的一般步骤

① 搞清楚条件与结论,将条件全部等价转化成约束条件,将结论转化成目标函数.

② 拟订计划.

　　a. 选基本量;

　　b. 列等式关系或不等式关系;

　　c. 利用等式关系或不等式关系消元.

③ 解决问题.

例 2.16 已知 a, b 为两个正数且满足 $ab = a + b + 2$,求 $a + b$ 的范围.

分析 1

① 搞清楚问题.

仿照线性规划的处理,将全部条件写成约束条件 $\begin{cases} a > 0, \\ b > 0, \\ ab = a + b + 2, \end{cases}$ 目标函数为 $z = a + b$.

② 拟订计划.

　　a. 选基本量 a, b;

　　b. a, b 之间没有其他的等式与不等式关系;

　　c. 约束条件中有一个等式 $ab = a + b + 2$,考虑利用其消元,写成 $b = \frac{a+2}{a-1}$.

对目标函数进行消元,$z = a + \frac{a+2}{a-1}$.

消元时考虑旧元的限制 $b > 0$,得到 $a > 1$.

目标函数为分式,分母为一次式,考虑换元.令 $t = a - 1, t > 0$,则 $z = t + 1 + \frac{t+3}{t} =$

$t + \dfrac{3}{t} + 2.$

$y = t + \dfrac{3}{t}$ 的范围为 $y \geqslant 2\sqrt{3}.$

③ 解决问题.

综上所述,$z \geqslant 2 + 2\sqrt{3}.$

点评 利用约束条件中的等式直接消元.

分析 2

① 搞清楚问题.

仿照线性规划的处理,将全部条件写成约束条件 $\begin{cases} a > 0, \\ b > 0, \\ ab = a + b + 2, \end{cases}$ 目标函数为 $z = a + b.$

② 拟订计划.

a. 选基本量 $ab, a+b$;

b. ab 与 $a+b$ 之间有不等式关系 $\dfrac{a+b}{2} \geqslant \sqrt{ab}$;

c. 目标式为 $a+b$,约束条件中有一个等式 $ab = a+b+2$,考虑利用其消元.

$$\dfrac{a+b}{2} \geqslant \sqrt{a+b+2}.$$

令 $a + b = z$,则 $\dfrac{z}{2} \geqslant \sqrt{z+2}$,解得 $z \geqslant 2 + 2\sqrt{3}$ 或 $z \leqslant 2 - 2\sqrt{3}$(舍).

③ 解决问题.

综上所述,$z \geqslant 2 + 2\sqrt{3}.$

点评 利用基本量间的不等关系消元.

第3章 观　　察

　　观察是有目的、有计划地通过视觉器官去认识数学对象、性质以及相互关系的活动.观察过程是对数学思维材料的接收或对数学思维信息的输入过程.
　　"观察,观察,再观察."

——巴甫洛夫

　　观察能导致发现,解数学题也有一个从观察到发现的过程.只有对问题中的数、式、形做认真的观察,才有可能较快地找到解题途径.
　　观察特征,探求解题思路.
　　一道数学题必然有其特征,既然有特征,就会具有特殊的性质,所以可以通过其性质来揭示因果之间的内在联系,从而找出解题的线索和途径.
　　题目不是用数学式子表达出来,就是用图形表达出来,或者兼而有之.是式子,不外乎是和、差、积、商、乘方、指数、对数、函数等;是图形,则图形中不外乎有等边、等角、平行线、垂线、平分线、切线、共圆、相似、全等、抛物线、椭圆、双曲线等.其构造形式,必然具有它自身的特性,所以解题时首先应集中精力观察和研究其构造特征,找出特征赋予的特殊性质,这就为揭示因果之间的内在联系铺平了道路.做一道题,开头总是较难的,常言道"万事开头难",而观察特征的思路方法正是引导人们去探索和解决开头难的问题,达到"良好的开端是成功的一半"的功效.
　　观察各类数学研究对象的思维导图,如图3.1所示.
　　典型的观察手法如下:
　　① 观察已知与所求,通过基础知识的联想,如能把已知与所求挂起钩来,就可试用顺推法;
　　② 观察与自然数有关的问题,可用数学归纳法或递推法;
　　③ 通过观察与联想,试用类比法探讨类似问题,或综合应用经验归纳法、降维法与类比法,对变量较多的问题先考虑变量少的类似问题;
　　④ 观察问题中的形式结构而试用换元法等;
　　⑤ 猜测结果或结果的形式而试用待定系数法;
　　⑥ 如果问题的解是由几个条件决定的,而每一个条件都可确定某种元素的一个集合,则可试用交集法.

第3章 观察

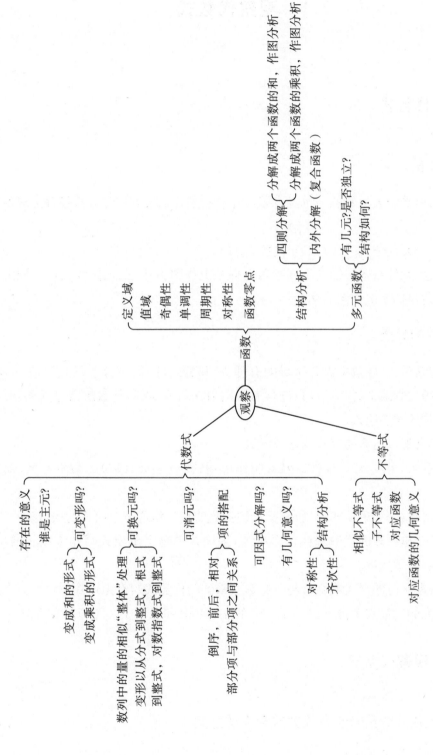

图 3.1

3.1 观察代数式

3.1.1 代数式

1. 代数式的定义

文字表达:由数和表示数的字母经有限次加、减、乘、除、乘方和开方等代数运算所得的式子.

符号表达:一元代数式 $f(x)$；二元代数式 $f(x,y)$.

图像表达:一元代数式可以在平面直角坐标系上作图表达；二元代数式可以固定一元后在平面直角坐标系上作图表达.

2. 代数式的分类

有理式:包括整式(除数中没有字母的有理式)和分式(除数中有字母且除数不为 0 的有理式).这种代数式中对于字母只进行有限次加、减、乘、除和整数次乘方这些运算.整式又包括单项式和多项式.

单项式:没有加减运算的整式叫作单项式.

单项式的系数:单项式中的数字因数叫作单项式(或字母因数)的数字系数,简称系数.

单项式的次数:一个单项式中,所有字母的指数的和叫作这个单项式的次数.

多项式:几个单项式的代数和叫作多项式.多项式中每个单项式叫作多项式的项,不含字母的项叫作常数项.

无理式:含有字母的根式或字母的非整数次乘方的代数式叫作无理式.

本章节研究的代数式来自方程 $f(x)=0$ 的左边部分和函数 $y=f(x)$ 的右边部分.

3.1.2 观察代数式

1. 观察代数式的第一步是代数式存在的意义

例 3.1 $\cos(\sqrt{1-\sqrt{x^2+5x+7}}+\sqrt{x^2+5x+6})=$ _____.

分析 观察代数式内都含根号,考虑其存在的意义.

$$\begin{cases} 1-\sqrt{x^2+5x+7} \geq 0, \\ x^2+5x+6 \geq 0, \end{cases}$$

所以 $x^2+5x+6=0$,故原式 $=1$.

点评 代数式求值,一般是定值,考虑固定自变量求定值. 研究代数式存在的意义,其实求的是对应函数的定义域.

2. 观察代数式中谁是主元

例 3.2 若不等式 $x^2+px>4x+p-3$ 对一切 $0 \leq p \leq 4$ 均成立,试求实数 x 的取值范围.

分析 观察左右代数式中有两元,若以 x 为主元,则为二次;若以 p 为主元,则为一次.另外,结论研究的是 x,所以选 p 为主元.令 $g(p)=p(x-1)+x^2-4x+3$ 是关于 p 的一次函数.

因为对一切 $0 \leq p \leq 4$,$g(p)>0$ 恒成立,所以转化为最值问题.由于一次函数的最值在端点取到,因此 $\begin{cases} g(0)>0, \\ g(4)>0, \end{cases}$ 解得 $x>3$ 或 $x<-1$.

点评 一个代数式中,决定谁是主元,一般根据谁做主元可以简化问题并结合结论研究对象.

例 3.3 设不等式 $2x-1>m(x^2-1)$ 对满足 $|m| \leq 2$ 的一切实数 m 都成立,求实数 x 的取值范围.

分析 由于代数式中有两元 x,m,观察到任意性,又结论研究的是 x,所以选 m 为主元.令

$$f(m)=-(x^2-1)m+2x-1, \quad m \in [-2,2],$$

转化为 $\forall m \in [-2,2], f(m)>0$ 恒成立.由于 $f(m)$ 是关于 m 的一次函数或常数函数,因此

$$\begin{cases} f(2)>0, \\ f(-2)>0, \end{cases}$$

解得 $\dfrac{\sqrt{7}-1}{2}<x<\dfrac{\sqrt{3}+1}{2}$.

故 x 的取值范围为 $\left\{x \,\middle|\, \dfrac{\sqrt{7}-1}{2}<x<\dfrac{\sqrt{3}+1}{2}\right\}$.

3. 观察代数式是否可以变形

例 3.4 满足方程 $\sqrt{x-2009-2\sqrt{x-2010}}+\sqrt{x-2009+2\sqrt{x-2010}}=2$ 的所有

实数解为_____.

分析 观察此方程的代数式中,两个根号结构一致,内部含 1 次项和 1/2 次项,考虑变形为平方项,消元根号.

对方程进行变形,配成平方项,对照

$$(a-b)^2 = a^2 - 2ab + b^2$$

和

$$(a+b)^2 = a^2 + 2ab + b^2$$

做赋值. 因为

$$\sqrt{x-2009-2\sqrt{x-2010}} = \sqrt{(\sqrt{x-2010}-1)^2},$$

$$\sqrt{x-2009+2\sqrt{x-2010}} = \sqrt{(\sqrt{x-2010}+1)^2},$$

所以

$$|\sqrt{x-2010}-1| + |\sqrt{x-2010}+1| = 2,$$

故 $1-\sqrt{x-2010} \geqslant 0$,解得 $2010 \leqslant x \leqslant 2011$.

点评 代数式变形,首先要注意变形的目的,是要去掉根号、判断符号,还是降次;然后注意变形的方向,参照目标式前进;最后注意根据结构特征变形.

4. 观察代数式是否可以换元

例 3.5 函数 $y = \log_2 x + \dfrac{4}{\log_2 x}$ $(x \in [2,4])$ 的最大值是_____.

分析 观察代数式,项 $\log_2 x$ 重复出现,考虑换元. 令 $t = \log_2 x$,因为 $2 \leqslant x \leqslant 4$,所以 $1 \leqslant t \leqslant 2$,则 $y = t + \dfrac{4}{t}$,它在 $[1,2]$ 内单调递减,故当 $t = 1$,即 $x = 2$ 时,$y_{\max} = 5$.

点评 代数式中项重复出现或者项之间有函数关系,可考虑通过换元简化代数式.
观察问题中的形式结构而使用换元法,换元法其实是把复杂的代数式通过内外分解变成两个简单的函数结构.

5. 观察代数式是否可以消元

例 3.6 已知 $a > b > 0$,求 $a + \dfrac{1}{(a-b)b}$ 的最小值.

分析 观察此代数式有两元,要求此二元函数的最小值需处理成一元函数才行,观察分母上乘积形式的 $a-b$ 与 b,其和为 a,可利用不等式消元 $(a-b)b \leqslant \dfrac{a^2}{4}$ 来处理掉 b,把二元代数式放缩为一元代数式 $a + \dfrac{4}{a^2}$. 又

$$a + \frac{4}{a^2} = \frac{a}{2} + \frac{a}{2} + \frac{4}{a^2} \geq 3\sqrt[3]{\left(\frac{a}{2}\right)^2 \cdot \frac{4}{a^2}} = 3,$$

当且仅当 $a = 2, b = 1$ 时,取等号,故最小值为 3.

点评 观察代数式,分析项之间的关系、结构,并利用其消元.

6. 观察代数式中项的搭配

搭配的方式:可以将倒序、前后、相对的项进行搭配.

例 3.7 已知函数 $f(x) = \dfrac{x^2}{1+x^2}$,若 $m = f(1) + f(2) + \cdots + f(101)$,$n = f\left(\dfrac{1}{2}\right) + f\left(\dfrac{1}{3}\right) + \cdots + f\left(\dfrac{1}{100}\right) + f\left(\dfrac{1}{101}\right)$,则 $m + n = $ _____.

分析 观察代数式 m 与 n 中二项

$$f(a) = \frac{a^2}{1+a^2}, \quad f\left(\frac{1}{a}\right) = \frac{\frac{1}{a^2}}{1+\frac{1}{a^2}} = \frac{1}{a^2+1},$$

所以

$$f(a) + f\left(\frac{1}{a}\right) = 1.$$

由此

$$f(2) + f\left(\frac{1}{2}\right) = f(3) + f\left(\frac{1}{3}\right) = \cdots = f(101) + f\left(\frac{1}{101}\right) = 1,$$

故 $m + n = 100 + f(1) = \dfrac{201}{2}$.

点评 代数式中项很多的时候,要研究项与项的搭配,根据典型结构,提炼出搭配的一般形态,然后加以处理.

例 3.8 已知函数 $f(x) = ax^3 + bx^2 + cx + d(a \neq 0)$ 的对称中心为 $M(x_0, y_0)$,记函数 $f(x)$ 的导函数为 $f'(x)$,$f'(x)$ 的导函数为 $f''(x)$,则有 $f''(x_0) = 0$. 若函数 $f(x) = x^3 - 3x^2$,则可求得 $f\left(\dfrac{1}{2012}\right) + f\left(\dfrac{2}{2012}\right) + \cdots + f\left(\dfrac{4022}{2012}\right) + f\left(\dfrac{4023}{2012}\right) = ($).

A. 4023   B. -4023 C. 8046   D. -8046

分析 由 $f(x) = x^3 - 3x^2$,得

$$f''(x) = 6x - 6.$$

根据条件 $f''(x_0) = 0$ 得 $x_0 = 1$. 而 $f(1) = -2$,故函数 $f(x)$ 关于点 $(1, -2)$ 对称,于是

$$f(1+x) + f(1-x) = -4,$$

所以

$$f\left(\frac{1}{2012}\right)+f\left(\frac{4023}{2012}\right)=f\left(\frac{2}{2012}\right)+f\left(\frac{4022}{2012}\right)$$
$$=\cdots$$
$$=f\left(\frac{2011}{2012}\right)+f\left(\frac{2013}{2012}\right)$$
$$=-4,$$

故
$$原式 = 2011 \times (-4) + f\left(\frac{2012}{2012}\right) = -8046,$$

选 D.

点评 观察代数式倒序和为定值,一般跟函数的对称中心有关.

7. 观察部分项与部分项之间的关系

例 3.9 已知 $a_1, a_2, a_3, \cdots, a_n$ 均为正实数,且满足 $a_1 + a_2 + a_3 + \cdots + a_n = 1$, $\frac{1}{a_1} + \frac{1}{a_2} + \frac{1}{a_3} + \cdots + \frac{1}{a_n} = 4$,则 $a_1 a_2 a_3 \cdots a_n = $ _____.

分析 观察代数式部分项 $a_1 + a_2 + \cdots + a_n$ 与部分项 $\frac{1}{a_1} + \frac{1}{a_2} + \cdots + \frac{1}{a_n}$ 有个不等关系,即
$$(a_1 + a_2 + \cdots + a_n)\left(\frac{1}{a_1} + \frac{1}{a_2} + \cdots + \frac{1}{a_n}\right) \geqslant n^2,$$

所以 $n^2 \leqslant 4$,即 $n \leqslant 2$,则
$$\begin{cases} a_1 + a_2 = 1, \\ \frac{1}{a_1} + \frac{1}{a_2} = 4, \end{cases}$$

故 $a_1 a_2 = \frac{1}{4}$.

点评 代数式中,项与项之间的关系用不上时,可考虑利用部分项与部分项之间的关系.

例 3.10 设 a, b, c, x, y, z 是正数,且 $a^2 + b^2 + c^2 = 10$,$x^2 + y^2 + z^2 = 40$,$ax + by + cz = 20$,则 $\frac{a+b+c}{x+y+z} = ($).

A. $\frac{1}{4}$ B. $\frac{1}{3}$ C. $\frac{1}{2}$ D. $\frac{3}{4}$

分析 观察三个代数式 $a^2 + b^2 + c^2$,$x^2 + y^2 + z^2$,$ax + by + cz$,其特征为平方和与交叉项和,联想到柯西不等式得
$$(a^2 + b^2 + c^2)(x^2 + y^2 + z^2) \geqslant (ax + by + cz)^2,$$

即 $400 \geqslant 400$,等号要取到,于是 $\dfrac{a}{x} = \dfrac{b}{y} = \dfrac{c}{z}$.令 $\dfrac{a}{x} = \dfrac{b}{y} = \dfrac{c}{z} = t$,则

$$t^2 = \dfrac{a^2+b^2+c^2}{x^2+y^2+z^2} = \dfrac{1}{4},$$

所以 $\dfrac{a+b+c}{x+y+z} = \dfrac{1}{2}$,故选 C.

点评 对于题目中出现的部分项,找到的关系越多,解决问题就越方便.

8. 观察代数式中项与项之间的相似性

例 3.11 数列 $\{a_n\}$ 中,$a_1 = 1$,$a_n = \sqrt{a_{n-1}^2 + 4}$ $(n \geqslant 2, n \in \mathbf{N})$.

(1) 求 $\{a_n\}$ 的通项公式;

(2) 设 $b_n = \dfrac{1}{a_n + a_{n+1}}$,求 $\{b_n\}$ 的前 100 项和.

分析 (1) 观察已知条件,可知 a_n^2 与 a_{n-1}^2 之间的递推关系不难求得.
$a_n^2 - a_{n-1}^2 = 4$,$\{a_n^2\}$ 构成首项为 $a_1^2 = 1$,公差为 4 的等差数列,$a_n^2 = 4n - 3$,所以 $a_n = \sqrt{4n-3}$.

(2) 将 a_n 代入得

$$b_n = \dfrac{1}{a_n + a_{n+1}} = \dfrac{a_n - a_{n+1}}{a_n^2 - a_{n+1}^2} = \dfrac{a_{n+1} - a_n}{4},$$

故

$$S_{100} = \dfrac{1}{4}(a_{101} - a_1) = \dfrac{1}{4}(\sqrt{4 \times 101 - 3} - 1) = \dfrac{1}{4}(\sqrt{401} - 1).$$

点评 观察代数式中项与项之间的相似性,可将恒等式转化为基本的递推式,然后加以处理.

9. 观察代数式是否可因式分解

例 3.12 正项数列 $\{a_n\}$ 中,$a_1 = 4$,其前 n 项和 S_n 满足

$$S_n^2 - (a_{n+1} + n - 1)S_n - (a_{n+1} + n) = 0.$$

求 a_n 与 S_n.

分析 观察代数式 $S_n^2 - (a_{n+1} + n - 1)S_n - (a_{n+1} + n)$ 是二元二次,既有平方项,又有交叉项,考虑因式分解得

$$[S_n - (a_{n+1} + n)](S_n + 1) = 0.$$

由于 $\{a_n\}$ 是正项数列,所以 $S_n > 0$,$S_n = a_{n+1} + n$.

于是,当 $n \geqslant 2$ 时,

$$a_n = S_n - S_{n-1} = a_{n+1} + n - a_n - (n-1).$$

所以 $a_{n+1}=2a_n-1, a_{n+1}-1=2(a_n-1)(n\geq 2)$.

又 $a_1=S_1=a_2+1, a_1=4$,所以 $a_2=3, a_n-1=(a_2-1)2^{n-2}$,故 $a_n=2^{n-1}+1(n\geq 2)$.

综上所述,数列$\{a_n\}$的通项 $a_n=\begin{cases} 4 & (n=1), \\ 2^{n-1}+1 & (n\geq 2), \end{cases} S_n=2^n+n+1$.

点评 有些代数式若在可因式分解的时候不分解,则很难把问题处理下去.

10. 观察代数式是否具有几何意义

例3.13 求函数 $f(x)=\sqrt{x^2+1}+\sqrt{(x-3)^2+1}$ 的最小值.

分析 通过观察已知函数的形式与结构,不难发现这是两个点之间的距离之和,即可把原函数化为 $f(x)=\sqrt{(x-0)^2+(0-1)^2}+\sqrt{(x-3)^2+(0-1)^2}$,原题即转化成"已知点 $P(x,0)$,求它到两定点 $A(0,1), B(3,1)$ 的距离之和的最小值",从而结合图形,即可解决.

原函数可化为
$$f(x)=\sqrt{(x-0)^2+(0-1)^2}+\sqrt{(x-3)^2+(0-1)^2},$$
如图3.2所示,函数 $f(x)$ 的最小值即为 $|AP|+|PB|$ 的最小值.作 A 点关于 x 轴的对称点 A' 点,即
$$|AP|+|PB|=|A'P|+|PB|.$$

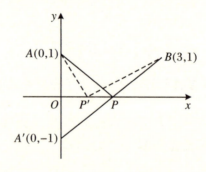

图3.2

易知,当 A', P, B 共线时,有最小值 $|A'B|=\sqrt{13}$,即 $f(x)_{\min}=\sqrt{13}$.

点评 具有几何意义的代数式结构明显,例如二元一次代数式 $ax+by$,分式 $\dfrac{y_1-y_2}{x_1-x_2}$,根式 $\sqrt{(x_1-x_2)^2+(y_1-y_2)^2}$ 等.

例3.14 已知 $x\in \mathbf{R}_+, y\in \mathbf{R}_+$,则 $x^2+\dfrac{81}{x^2}-2xy-\dfrac{18}{x}\sqrt{2-y^2}\geq \lambda$ 恒成立的 λ 的最值范围为_____.

分析 此问题为三元不等式恒成立问题,观察发现左端的代数式较复杂,为二元二次四项,考虑搭配项成平方项.

$$f(x,y) = x^2 + \frac{81}{x^2} - 2xy - \frac{18}{x}\sqrt{2-y^2}$$

$$= (x-y)^2 + \left(\frac{9}{x}\right)^2 - y^2 - \frac{18}{x}\sqrt{2-y^2}$$

$$= (x-y)^2 + \left(\frac{9}{x} - \sqrt{2-y^2}\right)^2 - 2.$$

考虑部分代数式的几何意义,可看作两点 $A(x_1,y_1)$ 与 $B(x_2,y_2)$ 距离的平方,其中

$$x_1 = x, \quad y_1 = \frac{9}{x}, \quad x_2 = y, \quad y_2 = \sqrt{2-y^2},$$

所以

$$x_1 y_1 = 9, \quad x_2^2 + y_2^2 = 2 \quad (y_2 \geqslant 0).$$

分别作出两点轨迹,如图3.3所示,由图像的对称性,不难得到距离的最小值为 $2\sqrt{2}$.

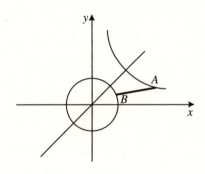

图 3.3

故 $f(x,y)_{\min} = (2\sqrt{2})^2 - 2 = 6$,于是 $\lambda \leqslant 6$.

点评 项搭配成平方项中,一般对 $(a-b)^2 = a^2 - 2ab + b^2$ 演绎,抓住交叉项,$\frac{18}{x}\sqrt{2-y^2} = 2ab$,则可令 $a = \frac{9}{x}, b = \sqrt{2-y^2}$,然后配平其他部分.

11. 观察代数式的结构特征

(1) 观察得到代数式的对称性

例 3.15 $\triangle ABC$ 中,$\cos A \cos B \cos C$ 的最大值是( ).

A. $\frac{3}{8}\sqrt{3}$ B. $\frac{1}{8}$ C. 1 D. $\frac{1}{2}$

分析 观察发现,代数式中三个角 A, B, C 的地位完全平等,具有对称性,根据结论具有对称性的代数式,最值一般在相等处取到,令 $A = B = C = 60°$,则

$$\cos A\cos B\cos C = \frac{1}{8},$$

所以最大值为 $\frac{1}{8}$. 故选 B.

点评 在对称式里,由于各字母的地位一致,所以它的最值一般在相等处取到.

"在数学题的题设条件里地位相同的未知量,可以想象它们在解答中的地位也相同."

——波利亚

数据和条件里的对称性不仅仅被求解对象所反映,而且为求解过程所反映,这种对称性原理在很多时候能使我们预测到解或发现解题途径.

知识拓展

对称式:在一个代数式中,如果把它所含的两个字母互换,式子不改变,那么这个代数式就叫作关于这两个字母的对称式,如 $a+b, a^2-ab+b^2, a^3+3a^2b+3ab^2+b^3$ 等都是关于 a,b 的对称式.

一般地,在一个代数式中,无论把其中哪两个字母互换,式子都不变,那么这个代数式就叫作关于这些字母的对称式,如 $a+b+c, a^2+b^2+c^2-ab-bc-ac, a^3+b^3+c^3-3abc$ 等都是关于 a,b,c 的对称式.

代数式具有对称性,最值在对称量相等时和差异性最大时这两个位置产生.

例 3.16 已知 $a,b,c \in \left[\frac{1}{2},1\right]$,则 $\dfrac{ab+bc}{a^2+2b^2+c^2}$ 的最小值是_____,最大值是_____.

分析 观察到结论代数式为二次齐次分式,利用齐次性消元,进行比值化操作. 令 $\dfrac{a}{b}=x, \dfrac{c}{b}=y$,则原代数式变为 $M = \dfrac{x+y}{x^2+y^2+2}$,其中 $x \in \left[\frac{1}{2},2\right], y \in \left[\frac{1}{2},2\right]$.

再分析条件与结论,发现都具有对称性,于是最值在对称量相等时和差异性最大时这两个位置产生.

令 $x=y$,则 $M = \dfrac{2x}{2x^2+2} = \dfrac{1}{x+\frac{1}{x}}$,由于 $x \in \left[\frac{1}{2},2\right]$,因此 $M \in \left[\frac{2}{5},\frac{1}{2}\right]$.

令 $x=\frac{1}{2}, y=2$,则 $M = \dfrac{2}{5}$.

作为填空题,可以把 $\dfrac{2}{5}$ 作为最小值,$\dfrac{1}{2}$ 作为最大值.

作为解答题,可以用分析法再加以证明.

要证 $\dfrac{x+y}{x^2+y^2+2} \leqslant \dfrac{1}{2}$,只需证 $x^2+y^2+2 \geqslant 2x+2y$,即证 $(x-1)^2+(y-1)^2 \geqslant 0$,显

然成立.所以最大值为 $\frac{1}{2}$.

要证 $\frac{x+y}{x^2+y^2+2} \geqslant \frac{2}{5}$,只需证 $2x^2+2y^2+4 \leqslant 5x+5y$,即证 $2\left(x-\frac{5}{4}\right)^2+2\left(y-\frac{5}{4}\right)^2 \leqslant \frac{9}{4}$. 因为 $x\in\left[\frac{1}{2},2\right]$, $y\in\left[\frac{1}{2},2\right]$, $\left[\left(x-\frac{5}{4}\right)^2+\left(y-\frac{5}{4}\right)^2\right]_{\max}=\frac{9}{8}$, 所以 $2\left(x-\frac{5}{4}\right)^2+2\left(y-\frac{5}{4}\right)^2 \leqslant \frac{9}{4}$ 成立. 故最小值为 $\frac{2}{5}$.

点评 观察到代数式的齐次性和对称性,并充分利用.

(2) 对称性代数式的基本量的选择

例 3.17 设二次函数 $f(x)=ax^2-4x+c$ 的值域为 $[0,+\infty)$,且 $f(1)\leqslant 4$,求 $z=\frac{a}{c^2+4}+\frac{c}{a^2+4}$ 的取值范围.

分析 根据条件,可将约束条件写成 $\begin{cases} a>0, \\ c>0, \\ ac=4, \\ a+c\leqslant 8, \end{cases}$ 目标函数为 $z=\frac{a}{c^2+4}+\frac{c}{a^2+4}$.

观察到条件式具有对称性,结论中代数式也具有对称性.可考虑将 ac 和 $a+c$ 作为基本量,这里 $ac=4$,将 $a+c$ 作为基本量,对目标函数代数式变形得

$$z=\frac{a}{c^2+4}+\frac{c}{a^2+4}=\frac{a}{c^2+ac}+\frac{c}{a^2+ac}$$

$$=\frac{1}{a+c}\left(\frac{a}{c}+\frac{c}{a}\right)=\frac{1}{a+c}\cdot\frac{a^2+c^2}{ac}$$

$$=\frac{1}{4}\cdot\frac{1}{a+c}[(a+c)^2-8]$$

$$=\frac{1}{4}\left[(a+c)-\frac{8}{a+c}\right].$$

因为 $a+c\geqslant 2\sqrt{ac}=4$,又 $a+c\leqslant 8$, $y=\frac{1}{4}\left(x-\frac{8}{x}\right)$ 在 $(0,+\infty)$ 内递增,所以 $\frac{1}{2}\leqslant z\leqslant \frac{7}{4}$.

点评 多项式代数式或者分子、分母为多项式的代数式具有对称性.

代数式 $f(x,y)$,若 $f(x,y)=f(y,x)$,则一般可以选 xy, $x+y$ 为基本量.

例 3.18 已知 $x,y\in\mathbf{R}_+$,且 $x+y+\frac{1}{x}+\frac{1}{y}=5$,则 $x+y$ 的最大值是( ).

A. 3   B. 3.5   C. 4   D. 4.5

分析 条件中 x,y 对称,结论中 x,y 对称,利用对称性问题最值一般在相等处产生,有 $x=y$,则 $x=y=2$,所以 $x+y=4$. 故选 C.

(3) 观察得到代数式的齐次性,并利用它消元

例 3.19 若不等式 $x^2+2xy \leqslant a(x^2+y^2)$ 对于一切正数 x,y 恒成立,则实数 a 的最小值为( ).

A. 2 B. $\dfrac{\sqrt{2}+1}{2}$ C. $\dfrac{3}{2}$ D. $\dfrac{\sqrt{5}+1}{2}$

分析 此问题为三元不等式恒成立问题,先考虑能否分离变量,转化为 $\forall x,y > 0$,$a \geqslant \dfrac{x^2+2xy}{x^2+y^2}$.

接下来研究二元函数 $f(x,y) = \dfrac{x^2+2xy}{x^2+y^2}$ 的最大值.代数式具有齐次性,令 $t = \dfrac{x}{y}$,$t > 0$,则

$$f(x,y) = \dfrac{t^2+2t}{t^2+1}, \quad z = \dfrac{t^2+2t}{t^2+1},$$

显然 $t > 0$.再将函数最值问题转化为方程问题,即 $(z-1)t^2-2t+z=0$ 有实根,且满足

$$\begin{cases} \Delta = 4-4(z-1)z \geqslant 0, \\ \dfrac{2}{z-1} > 0, \\ \dfrac{z}{z-1} > 0, \end{cases}$$

解得 $1 < z \leqslant \dfrac{1+\sqrt{5}}{2}$,故 $a_{\min} = \dfrac{1+\sqrt{5}}{2}$.

点评 多元函数在没有其他条件辅助的情况下,有两种消元方式:① 利用代数式的齐次性;② 利用换元.

代数式的齐次性:代数式中每一项中的次数(指的是方次)都是相同的,多元时次数相加.

例 3.20 设 $\triangle ABC$ 的内角 A,B,C 所对的边 a,b,c 成等比数列,则 $\dfrac{\sin A + \cos A \cdot \tan C}{\sin B + \cos B \cdot \tan C}$ 的取值范围是( ).

A. $(0,+\infty)$ B. $\left(\dfrac{\sqrt{5}-1}{2},+\infty\right)$

C. $\left(0,\dfrac{\sqrt{5}+1}{2}\right)$ D. $\left(\dfrac{\sqrt{5}-1}{2},\dfrac{\sqrt{5}+1}{2}\right)$

分析 根据题意,约束条件为 $\begin{cases} b^2 = ac, \\ \triangle ABC \text{ 的内角 } A,B,C \text{ 所对的边为 } a,b,c, \end{cases}$ 目标函数为 $z = \dfrac{\sin A + \cos A \cdot \tan C}{\sin B + \cos B \cdot \tan C}$.

观察发现，目标代数式的分子、分母具有相似性，上下进行同一处理，从减少函数名、减少基本角、降低次数进行等价变形.

$$z = \frac{\sin A + \cos A \cdot \dfrac{\sin C}{\cos C}}{\sin B + \cos B \cdot \dfrac{\sin C}{\cos C}}$$

$$= \frac{\sin A \cos C + \cos A \sin C}{\sin B \cos C + \cos B \sin C} \quad (将代数式变形为具有齐次性)$$

$$= \frac{\sin(A+C)}{\sin(B+C)} = \frac{\sin B}{\sin A} = \frac{b}{a}.$$

分析约束条件与目标代数式的差异性，约束条件中多了个基本量 c，利用等式 $c = \dfrac{b^2}{a}$ 消元，约束条件中 $\triangle ABC$ 的内角 A,B,C 所对的边为 a,b,c，则 $\begin{cases} a+b>c, \\ a<b+c, \end{cases}$ 消元后得

$$\begin{cases} a+b > \dfrac{b^2}{a}, \\ a < b + \dfrac{b^2}{a}, \end{cases}$$

（代数式具有齐次性），将基本量比值化，有

$$\begin{cases} 1 + \dfrac{b}{a} > \left(\dfrac{b}{a}\right)^2, \\ 1 < \dfrac{b}{a} + \left(\dfrac{b}{a}\right)^2, \end{cases}$$

解得

$$\frac{\sqrt{5}-1}{2} < \frac{b}{a} < \frac{\sqrt{5}+1}{2}.$$

点评 在处理代数式的过程中，将不具有齐次性的代数式变成具有齐次性的，然后转化为基本量的比值，能大大减少计算量.

二元对称式的基本量：

一次对称式：$a+b$；

二次对称式：ab, a^2+b^2；

三次对称式：$a^3+b^3, ab(a+b)$.

12. 观察代数式的符号

例 3.21 若实数 x,y 满足 $x^2+y^2 \leqslant 1$，则 $|2x+y-2| + |6-x-3y|$ 的最小值是_____.

分析 研究约束条件中的代数式 x^2+y^2-1 的符号，若该代数式为 0，则轨迹为圆，作出可行域，如图 3.4 所示.

令目标函数为 $z = |2x+y-2| + |6-x-3y|$，对可行域上的边界点进行实验.

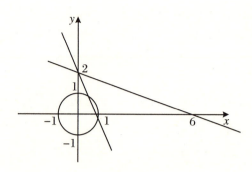

图 3.4

令 $x=1, y=0$,则 $z=5$;

令 $x=-1, y=0$,则 $z=11$;

令 $x=0, y=-1$,则 $z=12$;

令 $x=0, y=1$,则 $z=4$.

对实验结果进行归纳分析,可知目标函数的最小值位于圆在第一象限部分的边界上.

先研究目标函数中的代数式 $6-x-3y$ 的符号,若代数式为 0,则轨迹是一条直线,直线下方符号为正,所以目标函数变为 $z=|2x+y-2|+6-x-3y$.

再研究目标函数中的代数式 $2x+y-2$ 的符号,若代数式为 0,则轨迹是一条直线,可行域部分上方、下方都有,进行分类讨论.由于根据实验结果,最小值位于圆在第一象限部分的边界上,因此约束条件变成 $\begin{cases} x^2+y^2 \leqslant 1, \\ 2x+y-2 \geqslant 0, \end{cases}$ 目标函数变为 $z=x-2y+4$.

研究目标代数式 $x-2y+4$ 的符号,若代数式为 0,则轨迹是一条直线,向下移的过程中代数式 $x-2y+4$ 的值变大,移到点 $\left(\dfrac{3}{5}, \dfrac{4}{5}\right)$ 的时候取最小值.

综上可得,当 $x=\dfrac{3}{5}, y=\dfrac{4}{5}$ 时,$|2x+y-2|+|6-x-3y|$ 的最小值为 3.

点评 对于二元代数式,一般我们可以通过对一定区域上的点进行实验,归纳总结出代数式符号的变化规律,利用它得到目标代数式的最值.

3.2 观察函数

3.2.1 函数

1. 函数的定义

设 A,B 都是非空数集,如果按照某种确定的对应关系 f,使得对于集合 A 中的任意一个数 x,在集合 B 中都有唯一确定的数 $f(x)$ 和它对应,那么就称 $f:A\to B$ 为从集合 A 到集合 B 的一个函数,记作 $y=f(x)$,其中 $x\in A, y\in B$,集合 A 叫作函数 $f(x)$ 的定义域.若集合 C 是函数 $f(x)$ 的值域,显然有 $C\subseteq B$.

2. 函数的分类

① 根据变量的个数,函数可以分为一元函数、二元函数和多元函数;
② 根据复杂程度,函数可以分为简单函数和两个函数的加、减、乘、除和复合函数.

3.2.2 观察函数

1. 观察得到函数的定义域

例 3.22 (2011 年江西高考)若 $f(x)=\dfrac{1}{\sqrt{\log_{\frac{1}{2}}(2x+1)}}$,则 $f(x)$ 的定义域为( ).

A. $\left(-\dfrac{1}{2},0\right)$ B. $\left(-\dfrac{1}{2},0\right]$ C. $\left(-\dfrac{1}{2},+\infty\right)$ D. $(0,+\infty)$

分析 函数的定义域即使代数式有意义的 x 的取值范围.观察到函数为分式结构,分母不为 0;观察到偶次根号,根号内代数式大于或等于 0;观察到对数,真数大于 0.再看结论,可赋值,令 $x=0$,则分母为 0,无意义,再令 $x=\dfrac{1}{2}$,根号内出现负数,无意义.故选 A.

另法:因为根号在分母位置,所以 $\log_{\frac{1}{2}}(2x+1)>0=\log_{\frac{1}{2}}1$,即 $0<2x+1<1$,解得 $x\subset\left(-\dfrac{1}{2},0\right)$.故选 A.

点评 通过观察,得到使代数式有意义需要满足的条件:

对于 $a>1, \log_a x_1 < \log_a x_2 \Leftrightarrow 0 < x_1 < x_2$;

对于 $0<a<1, \log_a x_1 < \log_a x_2 \Leftrightarrow x_1 > x_2 > 0$.

2. 观察得到函数的值域

例 3.23 求函数 $y = x + 4\sqrt{x-1}$ 的值域.

分析 观察得到函数单调递增,又观察到根号,所以函数的定义域为 $\{x \mid x \geq 1\}$.

因为 $y=x$ 在定义域上单调递增,$y = 4\sqrt{x-1}$ 在定义域上单调递增,所以函数 $y = x + 4\sqrt{x-1}$ 在 $[1, +\infty)$ 上单调递增,且 $x \to +\infty, y \to +\infty$,故值域为 $\{y \mid y \geq 1\}$.

点评 观察得到函数的定义域和单调性之后也就得到了函数的值域.

已知函数 $y=f(x)$ 和 $y=g(x)$ 的单调性,得到和、差、积、商的单调性,如表 3.1 所示.

表 3.1

$f(x)$	$g(x)$	$f(x)+g(x)$	$f(x)-g(x)$	$f(x)g(x)$ $f(x)>0, g(x)>0$	$\dfrac{f(x)}{g(x)}$ $f(x)>0, g(x)>0$
递增	递增	递增	不确定	递增	不确定
递减	递减	递减	不确定	递减	不确定
递减	递增	不确定	递减	不确定	递减
递增	递减	不确定	递增	不确定	递增

3. 观察得到函数的奇偶性

例 3.24 设函数 $f(x) = \dfrac{(x+1)^2 + \sin x}{x^2+1}$ 的最大值为 M,最小值为 m,则 $M + m = $ _____.

分析 观察得到此函数为分式结构,分离常数得 $f(x) = 1 + \dfrac{2x + \sin x}{x^2+1}$,观察得 $y = \dfrac{2x + \sin x}{x^2+1}$ 为奇函数,所以 $y = f(x)$ 有对称中心 $(0, 1)$,于是 $\dfrac{m+M}{2} = 1$,即 $M + m = 2$.

点评 观察函数是否有对称中心,只要看函数代数式是否为一个奇函数通过左右和上下平移得到即可.

知识拓展

如果函数 $y = f(x)$ 的图像关于点 (m, n) 成中心对称,则对于任意 x 都有 $f(x+m)$

$+f(m-x)=2n$ 成立.

多项式函数 $P(x)$ 是奇函数 $\Leftrightarrow P(x)$ 的偶次项的系数和常数项全为零.

多项式函数 $P(x)$ 是偶函数 $\Leftrightarrow P(x)$ 的奇次项的系数全为零.

已知函数 $y=f(x)$ 和 $y=g(x)$ 的奇偶性,得到和、差、积、商的奇偶性,如表 3.2 所示.

表 3.2

$f(x)$	$g(x)$	$f(x)+g(x)$	$f(x)-g(x)$	$f(x)g(x)$	$\dfrac{f(x)}{g(x)}$
奇	奇	奇	奇	偶	偶
偶	偶	偶	偶	偶	偶
奇	偶	不确定	不确定	奇	奇
偶	奇	不确定	不确定	奇	奇

例 3.25 已知函数 $f(x)=ax^3+b\sin x+4(a,b\in \mathbf{R})$,$f(\lg(\log_2 10))=5$,则 $f(\lg(\lg 2))=(\quad)$.

A. -5 B. -1 C. 3 D. 4

分析 观察函数,得 $ax^3+b\sin x$ 部分为奇函数,所以 $f(x)$ 有对称中心 $(0,4)$. 由于 $\lg(\log_2 10)+\lg(\lg 2)=\lg 1=0$,$f(x)+f(-x)=8$,因此 $f(\lg(\lg 2))+5=8$,即 $f(\lg(\lg 2))=3$. 故选 C.

点评 将复杂函数分解成两个函数的和、差、积、商,然后分别考虑其奇偶性,得到复杂函数的奇偶性.

4. 观察得到函数的单调性

例 3.26 已知函数 $f(x)=\begin{cases} x^2+1 & (x\geqslant 0), \\ 1 & (x<0), \end{cases}$ 则满足不等式 $f(1-x^2)>f(2x)$ 的 x 的取值范围是( ).

A. $[0,\sqrt{2})$ B. $(0,\sqrt{2})$ C. $(-1,\sqrt{2}-1)$ D. $(-1,\sqrt{2})$

分析 如图 3.5 所示,$f(x)$ 在 $(0,+\infty)$ 内单调递增,即由 $f(x_1)>f(x_2)$ 可推出 $x_1>x_2$,结合图像,由条件 $f(1-x^2)>f(2x)$ 可得

$$\begin{cases} 1-x^2>2x, \\ 1-x^2>0, \end{cases}$$

整理得 $-1<x<\sqrt{2}-1$. 故选 C.

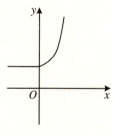

图 3.5

点评 如果 $y=f(x)$ 单调递增,则 $x_1<x_2$ 等价于 $f(x_1)<f(x_2)$.分段函数的单调性,可结合函数图像加以研究.

5. 观察得到函数的奇偶性和单调性

例 3.27 设 $f(x)=x\sin x, x\in\left[-\dfrac{\pi}{2},\dfrac{\pi}{2}\right]$.若 $f(x_1)>f(x_2)$,则下列不等式成立的为( ).

A. $x_1<x_2$ B. $x_1>x_2$ C. $x_1^2<x_2^2$ D. $x_1^2>x_2^2$

分析 $f(x)$ 由 $y=x$ 与 $y=\sin x$ 相乘而成,奇函数乘奇函数,得到偶函数,只要考虑在 $\left[0,\dfrac{\pi}{2}\right]$ 上的单调性即可.由于 $y_1=x$ 在 $\left[0,\dfrac{\pi}{2}\right]$ 上单调递增且 $y_1\geqslant 0$,$y_2=\sin x$ 在 $\left[0,\dfrac{\pi}{2}\right]$ 上单调递增且 $y_2\geqslant 0$,因此 $y_1y_2=x\sin x$ 在 $\left[0,\dfrac{\pi}{2}\right]$ 上单调递增,如图 3.6 所示.由 $f(x_1)>f(x_2)$ 可得 $|x_1|>|x_2|$,即 $x_1^2>x_2^2$,故选 D.

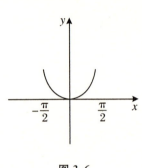

图 3.6

点评 研究函数单调性与奇偶性,也可作分解处理.

知识拓展

对于如图 3.7 所示的偶函数,$f(x_1)<f(x_2)\Leftrightarrow |x_1|>|x_2|$;

对于如图 3.8 所示的偶函数,$f(x_1)<f(x_2)\Leftrightarrow |x_1|<|x_2|$.

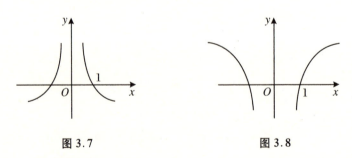

图 3.7   图 3.8

6. 观察得到函数的周期性

例 3.28 (江西文 6)观察下列各式:$7^2=49,7^3=343,7^4=2401,\cdots$,则 7^{2011} 的末两位数字为( ).

A. 01   B. 43   C. 07   D. 49

分析 该题为选择题,结论只研究末两位数,先观察前几项末两位数:49,43,01,再

计算 7^5 的末两位数为 07, 7^6 的末两位数为 49, 重复出现, 说明 $f(n)=7^n$ 的末两位数具有周期性, 周期 $T=4$, $2011=4\times 502+3$, 即 7^{2011} 与 7^3 的末两位数相同, 为 43. 故选 B.

点评　数列类问题, 一般从前几项入手, 得到问题的初步结论.

知识拓展

周期的获得:

① $y=f(x)$ 对 $x\in \mathbf{R}$ 时, $f(x+a)=f(x-a)$ 或 $f(x-2a)=f(x)(a>0)$ 恒成立, 则 $y=f(x)$ 是周期为 $2a$ 的周期函数;

② 若 $y=f(x)$ 是偶函数, 其图像又关于直线 $x=a$ 对称, 则 $f(x)$ 是周期为 $2|a|$ 的周期函数;

③ 函数 $y=f(x)$ 有一个对称中心 (a,c) 和一个对称轴 $x=b(a\neq b)$ 时, 该函数也是周期函数, 且一个周期是 $4(b-a)$;

④ 若 $y=f(x)$ 关于点 $(a,0),(b,0)$ 对称, 则 $f(x)$ 是周期为 $2|a-b|$ 的周期函数;

⑤ $y=f(x)$ 的图像关于直线 $x=a,x=b(a\neq b)$ 对称, 则函数 $y=f(x)$ 是周期为 $2|a-b|$ 的周期函数;

⑥ $y=f(x)$ 对 $x\in \mathbf{R}$ 时, $f(x+a)=-f(x)$ 或 $f(x+a)=-\dfrac{1}{f(x)}$ 恒成立, 则 $y=f(x)$ 是周期为 $2|a|$ 的周期函数.

7. 观察得到函数的对称性和周期性

例 3.29　设函数 $f(x)(x\in \mathbf{R})$ 满足 $f(-x)=f(x)$, $f(x+2)=f(x)$, 则函数 $y=f(x)$ 的图像是(　　).

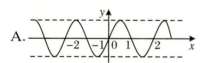
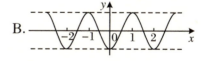
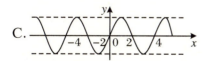
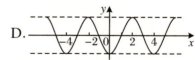

分析　观察恒等式, 由 $f(-x)=f(x)$ 得到 $f(x)$ 为偶函数, 由 $f(x+2)=f(x)$ 得到 $f(x)$ 是周期为 2 的周期函数. 再分析选项, A, C 为奇函数, D 中周期为 4. 故选 B.

点评　对于含 $f(-x)$ 与 $f(x)$ 的恒等式, 一般用来构造的某个函数为偶函数;

对于含 $f(x+T)$ 与 $f(x)$ 的恒等式, 一般会得到周期性的结论.

若 $f(x+T)=f(x)+m$, 说明图像变动为向右移一个周期, 再上下移动 $|m|$ 个单位;

若 $f(x+T) = kf(x)$,说明图像变动为向右移一个周期,再横坐标不变,纵坐标伸长和缩短.

8. 观察得到函数的零点

例 3.30 若函数 $f(x) = (1-x^2)(x^2+ax+b)$ 的图像关于直线 $x = -2$ 对称,则 $f(x)$ 的最大值为_____.

分析 观察代数式可得函数零点 $x = -1, x = 1$,如图 3.9 所示,由函数图像关于 $x = -2$ 对称,可得零点 $x = -3, x = -5$,所以
$$f(x) = (1-x^2)(x+3)(x+5) = (1-x^2)(x^2+8x+15).$$

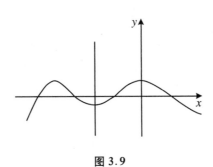

图 3.9

接下来研究函数的单调性,利用导数
$$\begin{aligned} f'(x) &= -2x(x^2+8x+15) + (1-x^2)(2x+8) \\ &= -4(x^3+6x^2+7x-2) \\ &= -4(x+2)(x^2+4x-1). \end{aligned}$$

当 $f'(x) > 0$ 时,$x < -2-\sqrt{5}$ 或 $-2 < x < -2+\sqrt{5}$,所以 $f(x)$ 在 $(-2-\sqrt{5}, -2)$ 和 $(-2+\sqrt{5}, +\infty)$ 内单调递减,在 $(-\infty, -2-\sqrt{5})$ 和 $(-2, -2+\sqrt{5})$ 内单调递增. 如图 3.9 所示,$f(x)_{\max} = f(x_0)$,其中 $x_0^2 + 4x_0 - 1 = 0$,利用 $x_0^2 = 1 - 4x_0$ 降次,则
$$\begin{aligned} f(x_0) &= (1-x_0^2)(x_0^2+8x_0+15) = 4x_0(4x_0+16) \\ &= 16(x_0^2+4x_0) = 16, \end{aligned}$$
故 $f(x)_{\max} = 16$.

点评 已知函数零点,结合函数奇偶性可得到其他零点,碰到高次方程,一般用 ± 1,± 2,± 3 尝试是否为零点,然后写出对应因式,因式分解.

多项式运算中,利用等式做降次以方便运算.

9. 观察得到函数的图像

例 3.31 设集合 $A = \{x \mid x^2+2x-3 > 0\}$,$B = \{x \mid x^2-2ax-1 \leqslant 0, a > 1\}$. 若 $A \cap B$ 中恰含有一个整数,则实数 a 的取值范围是( ).

A. $\left(0, \dfrac{3}{4}\right)$ B. $\left[\dfrac{3}{4}, \dfrac{4}{3}\right]$ C. $\left[\dfrac{3}{4}, +\infty\right)$ D. $(1, +\infty)$

分析 条件 $A \cap B$ 中恰含有一个整数,代数上一下子难以转化,用数形结合解决.
$$A = \{x \mid x < -3 \text{ 或 } x > 1\}.$$

令 $f(x) = x^2 - 2ax - 1$,$f(0) = -1$,又对称轴为 $x = a > 1$,考虑到 $A \cap B$ 中恰好有一个整数,此整数为 2,图像如图 3.10 所示,则
$$\begin{cases} f(2) = 4 - 4a - 1 \leqslant 0, \\ f(3) = 9 - 6a - 1 \geqslant 0, \end{cases}$$
解得 $\dfrac{3}{4} \leqslant a \leqslant \dfrac{4}{3}$. 故选 B.

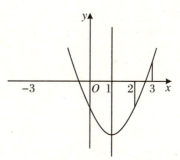

图 3.10

点评 研究集合 $\{x \mid ax^2 + bx + c \leqslant 0\}$ 的性质,可转化为研究 $f(x) = ax^2 + bx + c$ 的图像,结合对称轴、端点值、韦达定理来确定二次函数的图像.

10. 观察得到函数的结构

(1) 观察两个函数性质来研究和函数性质

例 3.32 关于函数 $f(x) = \sin^2 x - \left(\dfrac{2}{3}\right)^{|x|} + \dfrac{1}{2}$,有下面四个结论:

(1) $f(x)$ 是奇函数;

(2) 当 $x > 2003$ 时,$f(x) > \dfrac{1}{2}$ 恒成立;

(3) $f(x)$ 的最大值是 $\dfrac{3}{2}$;

(4) $f(x)$ 的最小值是 $-\dfrac{1}{2}$.

其中正确结论的个数是(   ).

A. 1   B. 2   C. 3   D. 4

分析 观察得到函数由三个函数相加构成,将函数分解为 $y_1 = \sin^2 x$,$y_2 = \left(\dfrac{2}{3}\right)^{|x|}$,$y_3 = \dfrac{1}{2}$,如图 3.11 所示,作出 $y_1 = \sin^2 x$ 与 $y_2 = \left(\dfrac{2}{3}\right)^{|x|}$ 的图像.

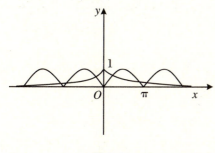

图 3.11

观察函数,显然知其为偶函数,所以(1)错. 当 $x = 2003\pi$ 时,由图像 $y_1 = 0$,$y_2 > 0$,有 $f(x) < \dfrac{1}{2}$,

(2)错.观察图像,$x=0$,$f(0)=-\frac{1}{2}$,$y_{1\min}=0$,$y_{2\max}=1$,所以$f(x)$的最小值为$-\frac{1}{2}$.若为(3),则y_1-y_2的最大值为1,$y_{1\max}=1$,$y_2<0$,显然不可能,(3)错.故选 A.

点评 将复杂函数分解成几个简单的函数,再分别作出图像,容易分析其具有的性质.

例 3.33 设函数$f(x)=|x+a|(|x-a+1|+|x-3|+2)$的图像是轴对称图形,则实数$a$的值为_____.

分析 条件中的语言本就是几何语言,用数形结合解决,将函数分解为
$$F(x)=|x+a|,$$
$$G(x)=|x-a+1|+|x-3|+2,$$
分别作出它们的图像,如图 3.12 所示.

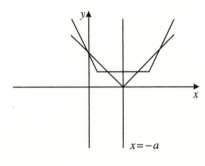

图 3.12

根据图像分析,$F(x)$有对称轴$x=-a$,$G(x)$有对称轴$x=\frac{a-1+3}{2}$,要使$f(x)=F(x)\cdot G(x)$也为轴对称图形,则$-a=\frac{a-1+3}{2}$,解得$a=-\frac{2}{3}$.

点评 用数形结合解决问题时,若函数图像不好作,则可考虑分解,将函数变成两个函数的和与积,然后分别作出函数图像.

本题还可通过代数处理解决,即轴对称图形可通过左右平移变成一个偶函数,令
$$g(x)=f(x-a)=|x|(|x-2a+1|+|x-a-3|+2),$$
其中$|x|$部分为偶函数,则$|x-2a+1|+|x-a-3|+2$部分也要为偶函数,于是$2a-1+a+3=0$,解得$a=-\frac{2}{3}$.

例 3.34 已知 e 为自然对数的底数,设函数$f(x)=(e^x-1)(x-1)^k(k=1,2)$,则( ).

A. 当$k=1$时,$f(x)$在$x=1$处取得极小值

B. 当$k=1$时,$f(x)$在$x=1$处取得极大值

C. 当$k=2$时,$f(x)$在$x=1$处取得极小值

D. 当 $k=2$ 时, $f(x)$ 在 $x=1$ 处取得极大值

分析 条件中需要研究的函数有两个, 都要利用导数加以研究的话, 会有些麻烦. 将函数左右分解, 分别作各自图像, 再作乘积函数图像, 把握任意点、符号与单调性. 由 $y=x-1$ 与 $y=\mathrm{e}^x-1$ 的图像得 $y=(\mathrm{e}^x-1)(x-1)$ 的图像, 如图 3.13 所示, A, B 错.

如图 3.14 所示, 由 $y=(x-1)^2$ 与 $y=\mathrm{e}^x-1$ 的图像得 $y=(\mathrm{e}^x-1)(x-1)^2$ 的图像, 于是 D 错. 故选 C.

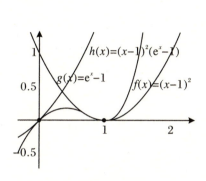

图 3.13

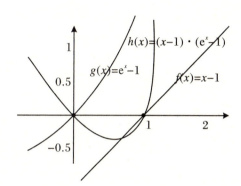

图 3.14

点评 由 $y=f(x)$ 的图像与 $y=g(x)$ 的图像得到 $y=f(x) \cdot g(x)$ 的图像, 过程中 $y=f(x)$ 与 $g(x)$ 的零点交集即 $y=f(x) \cdot g(x)$ 的零点集合, 再根据两数相乘符号规律, 决定 $y=f(x) \cdot g(x)$ 的草图.

(2) 观察两个函数周期来研究和差函数周期

例 3.35 $x \in \mathbf{R}$, 函数 $f(x)=2\sin\dfrac{x}{2}+3\cos\dfrac{x}{3}$ 的最小正周期为 _____.

分析 $2\sin\dfrac{x}{2}$ 的周期为 4π, $3\cos\dfrac{x}{3}$ 的周期为 6π, 所以函数 $f(x)$ 的周期为 12π.

点评 已知函数 $y=f(x)$ 和 $y=g(x)$ 的周期性, 得到和、差、积、商的周期性, 如表 3.3 所示.

表 3.3

函数	$f(x)$	$g(x)$	$f(x)+g(x)$	$f(x)-g(x)$	$f(x)g(x)$	$\dfrac{f(x)}{g(x)}$
周期	$mT(m\in\mathbf{N}^*)$	$nT(n\in\mathbf{N}^*)$	$[m,n]T$	$[m,n]T$	$[m,n]T$	$[m,n]T$

注 ① 表格研究的是周期, 周期函数的和、差、积、商的最小正周期可能变小, 可继续研究 $\dfrac{T}{2},\dfrac{T}{3},\dfrac{T}{4},\cdots$ 是否为周期.

② $[m,n]$ 为整数 m,n 的最小公倍数.

(3) 观察两个函数零点来研究乘积函数零点

例 3.36 函数 $f(x)=x\cos x^2$ 在区间 $[0,4]$ 上的零点个数为 ( ).

A. 4   B. 5   C. 6   D. 7

分析 将函数分解为 $y_1 = x$ 和 $y_2 = \cos x^2$，$y_1 = x$ 在 $[0,4]$ 上有零点 $x = 0$，$y_2 = \cos x^2$ 在 $[0,4]$ 上有零点，作 $y = \cos t$ 的图像，如图 3.15 所示.

$$x = 0, \quad x = \sqrt{\frac{\pi}{2}}, \quad x = \sqrt{\frac{3}{2}\pi}, \quad x = \sqrt{\frac{5}{2}\pi}, \quad x = \sqrt{\frac{7}{2}\pi}, \quad x = \sqrt{\frac{9}{2}\pi}.$$

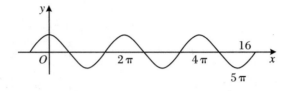

图 3.15

综上所述，$f(x)$ 有 6 个零点，故选 C.

点评 乘积函数的零点和符号很容易从分解函数中获得.

例 3.37 设函数 $f(x) = \begin{cases} 1 - |x-1| & (x \in (-\infty, 2)), \\ \dfrac{1}{2}f(x-2) & (x \in [2, +\infty)), \end{cases}$ 则函数 $F(x) = xf(x) - 1$ 的零点个数为_____.

分析 函数 $F(x)$ 的零点个数，即方程 $xf(x) - 1 = 0$ 的根个数，$x \neq 0$ 时方程变形为 $f(x) = \dfrac{1}{x}$，问题转化为 $y_1 = f(x)$ 与 $y_2 = \dfrac{1}{x}$ 的图像交点个数. 作图 $y = 1 - |x-1|$ 为折线，截取 $(-\infty, 2)$，再利用 $f(x) = \dfrac{1}{2}f(x-2)$ 作 $x \in [2, +\infty)$ 上的图像，类比于 $f(x) = f(x-2)$ 有周期的性质，先描关键点：

$$f(2) = \frac{1}{2}f(0) = 0,$$

$$f(3) = \frac{1}{2}f(1) = \frac{1}{2},$$

$$f(4) = \frac{1}{2}f(2) = 0,$$

$$f(5) = \frac{1}{2}f(3) = \frac{1}{4},$$

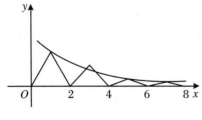

图 3.16

如图 3.16 所示，再作 $y_2 = \dfrac{1}{x}$ 的图像，取关键点 $(1,1)$，$\left(2, \dfrac{1}{2}\right)$，$\left(3, \dfrac{1}{3}\right)$，$\left(4, \dfrac{1}{4}\right)$，$\left(5, \dfrac{1}{5}\right)$，$\left(6, \dfrac{1}{6}\right)$，$\left(7, \dfrac{1}{7}\right)$，其中 $\left(7, \dfrac{1}{7}\right)$ 在 $y_1 = f(x)$ 的图

像上方,故交点有5个.

(4) 内外分解

例 3.38 已知函数 $f(x)$ 在 **R** 上是单调函数,且满足对任意 $x\in\mathbf{R}$ 都有 $f(f(x)-2^x)=3$,则 $f(3)$ 的值是( ).

A. 3   B. 7   C. 9   D. 12

分析 条件 $\forall x\in\mathbf{R}$,都有 $f(f(x)-2^x)=3$ 为内外结构,考虑分解.令 $f(x)-2^x=t$,则 $f(t)=3$.又因为 $f(x)$ 在 **R** 上是单调函数,所以 t 为唯一实数,由于 x 的任意性,令 $x=t$,则 $f(t)-2^t=t$,即 $3=2^t+t$,此方程为超越方程.研究相应函数 $g(t)=2^t+t-3$ 是单调递增函数,且 $g(1)=0$,于是 $t=1$,则 $f(x)=2^x+1$,因此 $f(3)=2^3+1=9$.故选 C.

(5) 观察代数式,结构内外分解

例 3.39 已知函数 $f(x)=\begin{cases}a\cdot 2^x & (x\leqslant 0),\\ \log_{\frac{1}{2}}x & (x>0),\end{cases}$ 若关于 x 的方程 $f(f(x))=0$ 有且仅有一个实数解,则实数 a 的取值范围是( ).

A. $(-\infty,0)$ B. $(-\infty,0)\cup(0,1)$

C. $(0,1)$ D. $(0,1)\cup(1,+\infty)$

分析 观察代数式 $f(f(x))$ 可内外分解,令 $t=f(x)$,则 $f(t)=0$.先考虑确定部分 $\begin{cases}t>0,\\ \log_{\frac{1}{2}}t=0,\end{cases}$ 则 $t=1,f(x)=1,\begin{cases}x>0,\\ \log_{\frac{1}{2}}x=1,\end{cases}$ 于是 $x=\frac{1}{2}$,从而 $\begin{cases}x\leqslant 0,\\ a\cdot 2^x=1\end{cases}$ 无解,则 $a=\frac{1}{2^x}$,$x\leqslant 0$ 无解,$a\leqslant 1$.

因为实数解有且只有一个,所以 $\begin{cases}t\leqslant 0,\\ a\cdot 2^t=0\end{cases}$ 无解,$a\neq 0$.

综上所述,$a\in(-\infty,0)\cup(0,1)$.故选 B.

点评 内外分解后,分段函数用分类讨论处理.

11. 观察多元函数有几元和是否独立

例 3.40 若对一切正实数 x,y,不等式 $\frac{y}{4}+\frac{9}{y}-\cos^2 x-a\sin x\geqslant 0$ 都成立,则实数 a 的取值范围是_____.

分析 问题是二元不等式恒成立问题,只要令二元函数 $f(x,y)=\frac{y}{4}+\frac{9}{y}-\cos^2 x-a\sin x$ 的最小值大于或等于 0 就行.先固定 x 变动 y,则 $\left(\frac{y}{4}+\frac{9}{y}\right)_{\min}=3$,转化为 $\forall x>0$,$3-\cos^2 x-a\sin x\geqslant 0$ 为一元函数最值问题,含参数 a,为避免讨论,考虑分离变量,

$a\sin x \leqslant 3-\cos^2 x$.

当 $\sin x > 0$ 时，$a \leqslant \dfrac{3-\cos^2 x}{\sin x} = \dfrac{2}{\sin x} + \sin x$，因为 $\left(\dfrac{2}{\sin x}+\sin x\right)_{\min} = 3$，所以 $a \leqslant 3$；

当 $\sin x < 0$ 时，$a \geqslant \dfrac{3-\cos^2 x}{\sin x} = \dfrac{2}{\sin x} + \sin x$，因为 $\left(\dfrac{2}{\sin x}+\sin x\right)_{\max} = -3$，所以 $a \geqslant -3$；

当 $\sin x = 0$ 时，显然成立.

综上所述，$-3 \leqslant a \leqslant 3$.

点评 多元函数通过考虑变元的先后顺序固化为一元函数来处理.

12. 观察多项式函数的结构

例 3.41 设函数 $f(x) = x^2 + ax + b\cos x$，$\{x \mid f(x)=0, x\in \mathbf{R}\} = \{x \mid f(f(x))=0, x\in \mathbf{R}\} \neq \varnothing$，求满足条件的所有实数 a, b 的值.

分析 条件为两非空集合相等，推出存在 $x_0 \in \mathbf{R}$，满足 $\begin{cases} f(x_0)=0, \\ f(f(x_0))=0, \end{cases}$ 所以 $f(0) = 0$，于是 $b = 0$，得到

$$f(x) = x^2 + ax,$$
$$f(f(x)) = f(x)(f(x)+a) = x(x+a)(x^2+ax+a).$$

当 $a = 0$ 时，$f(x) = x^2$，$f(f(x)) = x^4$，零点一样满足条件.

当 $a \neq 0$ 时，$f(x) = 0$ 的根为 $0, -a$，所以 $x^2 + ax + a = 0$ 无根，于是 $\Delta = a^2 - 4a < 0$，解得 $0 < a < 4$.

综上所述，$0 \leqslant a < 4, b = 0$.

点评 研究方程根的情况，因式分解是首选.

知识拓展

实系数多项式因式分解定理 任意一个 n 次实系数多项式 $f(x) = a_n x^n + a_{n-1} x^{n-1} + \cdots + a_1 x + a_0$ 都可以表示为

$$f(x) = a_n(x-x_1)(x-x_2)\cdots(x-x_m)(x^2+2b_1x+c_1)\cdots(x^2+2b_kx+c_k),$$

其中 $m + 2k = n$，$x_1, x_2, \cdots, x_m$ 是 $f(x)$ 的全部实根，$b_1, b_2, \cdots, b_k, c_1, c_2, \cdots, c_k$ 是实数且二次三项式全部没有实根.

3.3 观察方程和方程组

3.3.1 方程

1. 方程的定义

文字表达:含未知数的等式.

符号表达:一元方程 $f(x)=0$,二元方程 $f(x,y)=0$,多元方程 $f(x_1,x_2,x_3,\cdots,x_n)=0$.

图像表达:一元方程 $f(x)=0$ 表示函数 $y=f(x)$ 的图像与 x 轴的交点的横坐标;一元方程 $f(x)=g(x)$ 表示函数 $y=f(x)$ 的图像与 $y=g(x)$ 的交点的横坐标.

2. 方程的分类

(1) 根据成立的情况分类

恒成立等式:$\forall x \in$ 某个范围,等式 $f(x)=0$ 均成立;

恒不成立等式:$\forall x \in$ 某个范围,等式 $f(x) \neq 0$ 均成立;

存在成立等式:$\exists x \in$ 某个范围,等式 $f(x)=0$ 均成立.

(2) 根据结构特征分类

描述一个方程,将它用几元几次几项来划分,其中几元指含几个未知数,几次指最高次(描述多项式方程才用的指标),对于含指数、对数、根号等项,一般无法用几次来刻画;几项是指把代数式分解为局部的几部分,让我们容易处理这些方程的性质.

3. 方程的处理

接下来我们由简单到复杂,分析需要掌握的几种方程规律.如图 3.17 所示.

4. 方程的变形

等价变形的文字表达:

① 等式两边同时增加一项;

② 等式两边同时乘上一个不为零的项;

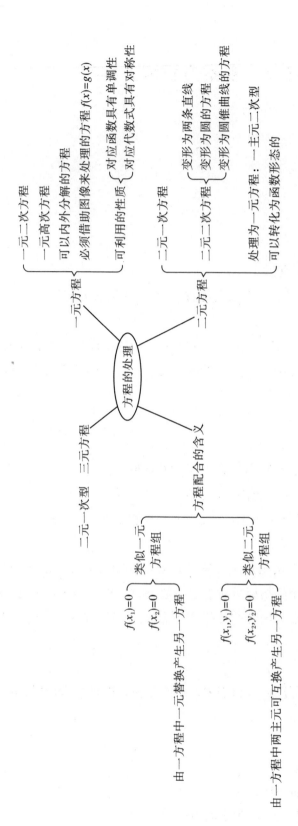

图 3.17

③ 若 $f(x)$ 单调递增, 则 $f(x_1) = f(x_2)$ 与 $x_1 = x_2$ 等价.

符号表达:
$$f(x) = g(x) \Leftrightarrow f(x) - g(x) = 0$$
$$\Leftrightarrow \begin{cases} \dfrac{f(x)}{g(x)} = 1, \\ g(x) > 0 \end{cases}$$
$$\Leftrightarrow \begin{cases} h(x) > 0, \\ f(x)h(x) = g(x)h(x) \end{cases}$$
$$\Leftrightarrow \begin{cases} h(x) > 0, \\ \dfrac{f(x)}{h(x)} = \dfrac{g(x)}{h(x)} \end{cases}$$

(将等式左右两端代数式从无理式变成有理式,从分式变成整式).

3.3.2 观察方程

1. 观察一元方程

一元是相对的概念,多元方程固定一元也可作为一元方程来处理.

① 一元一次方程 $ax + b = 0$ (a, b 为常数, $a \neq 0$).

② 一元二次方程 $ax^2 + bx + c = 0$ (a, b, c 为常数, $a \neq 0$). 此方程有解,对常数 a, b, c 的限制 $\Delta = b^2 - 4ac \geqslant 0$, 进一步研究,如果要求在特定区间内有解,就必须结合对称轴、端点值限制 a, b, c.

例 3.42 方程 $ax^2 + bx + c = 0$ ($a > 0$) 在 $(1,2)$ 内有两根,求参数 a, b, c 满足的条件.

分析 $f(x) = ax^2 + bx + c$ 的图像,如图 3.18 所示, $f(x)$ 在 $(1,2)$ 内有两零点, $f(x)$ 图像大致确定,依次考虑 Δ、对称轴、端点值限制为 $\begin{cases} \Delta > 0, \\ 1 < -\dfrac{b}{2a} < 2, \\ f(1) > 0, \\ f(2) > 0. \end{cases}$ 整理得

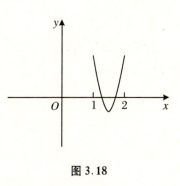

图 3.18

$$\begin{cases} b^2 - 4ac > 0, \\ 1 < -\dfrac{b}{2a} < 2, \\ a + b + c > 0, \\ 4a + 2b + c > 0. \end{cases}$$

③ 一元高次方程,通过待定系数法分解成 $f(x) \cdot g(x) = 0$ 以达到降次的目的.

例 3.43 设 $\{a_n\}$ 是首项为 1 的正项数列,且 $(n+1)a_{n+1}^2 - na_n^2 + a_{n+1}a_n = 0$,则它的通项 $a_n = $ _____.

分析 观察到等式 $(n+1)a_{n+1}^2 - na_n^2 + a_{n+1}a_n = 0$ 为关于 a_n, a_{n+1} 的二次方程,考虑因式分解,变形为

$$[(n+1)a_{n+1} - na_n](a_{n+1} + a_n) = 0.$$

因为 $a_n > 0$,所以 $a_n + a_{n+1} > 0$,于是 $\dfrac{a_{n+1}}{a_n} = \dfrac{n}{n+1}$,即

$$\dfrac{a_n}{a_1} = \dfrac{a_n}{a_{n-1}} \dfrac{a_{n-1}}{a_{n-2}} \cdots \dfrac{a_3}{a_2} \dfrac{a_2}{a_1} = \dfrac{n-1}{n} \dfrac{n-2}{n-1} \cdots \dfrac{2}{3} \dfrac{1}{2} = \dfrac{1}{n},$$

故 $a_n = \dfrac{1}{n} a_1 = \dfrac{1}{n}$.

④ 能内外分解的方程,即处理成 $f(g(x)) = 0$,将方程转化为内部函数和外部方程两部分处理.

例 3.44 设定义域为 **R** 的函数 $f(x) = \begin{cases} |\lg|x-1|| & (x \neq 1), \\ 0 & (x = 1), \end{cases}$ 则关于 x 的方程 $f^2(x) + bf(x) + c = 0$ 有 7 个不同实数解的充要条件是(   ).

A. $b < 0$ 且 $c > 0$ B. $b > 0$ 且 $c < 0$

C. $b < 0$ 且 $c = 0$ D. $b \geqslant 0$ 且 $c = 0$

分析 画出函数 $f(x)$ 的图像,如图 3.19 所示,该图像关于 $x = 1$ 对称,且 $f(x) \geqslant 0$,令 $f(x) = t$.

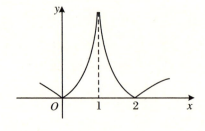

图 3.19

若 $f^2(x) + bf(x) + c = 0$ 有 7 个不同实数解,则方程 $t^2 + bt + c = 0$ 有两个不同实数解,且为一正根和一零根.因此,$b < 0$ 且 $c = 0$.故选 C.

⑤ 无法处理成前面几种,但可分解成 $f(x)=g(x)$ 左右两个函数图像的,可根据图像交点情况来推断方程根的情况.

例 3.45 已知方程 $\sqrt{x(4-x)}-ax-4=0$ 有两个不相等的实数根,求实数 a 的取值范围.

分析 已知方程化为 $\sqrt{x(4-x)}=ax+4$.

作函数 $y=\sqrt{x(4-x)}$ 的图像,这是以 $(2,0)$ 为圆心,2 为半径,在 x 轴上方的半圆,如图 3.20 所示.

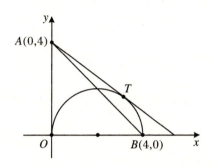

图 3.20

再作函数 $y=ax+4(ax+4\geqslant 0)$ 的图像,这是以 a 为斜率,且过 $(0,4)$ 点的直线.

已知方程 $\sqrt{x(4-x)}-ax-4=0$ 有两个实数根就是直线与半圆有两个交点. 设 AT 切半圆于 T,由图 3.20 可知,斜率 a 应满足 $k_{AB}\leqslant a<k_{AT}$.

因为 $k_{AB}=-1$,AT 为圆的切线,所以圆心 $(2,0)$ 到直线 $y=ax+4(ax+4\geqslant 0)$ 的距离等于半径 2,即 $\dfrac{|2a+4|}{\sqrt{a^2+1}}=2$,解得 $k_{AT}=-\dfrac{3}{4}$.

故实数 a 的取值范围为 $-1\leqslant a<-\dfrac{3}{4}$.

点评 在将方程变形成左右两个函数的过程中,一般要求含参数的那个函数,参数在函数中具有明显的几何意义.

⑥ 通过研究对应函数的性质来研究方程根的情况.

若 $y=f(x)$ 是奇函数或偶函数,则方程 $f(x)=0$ 的根成对出现且能对应成相反数.

若 $y=f(x)$ 具有单调性,则结合图像可精确研究方程.

例 3.46 设函数 $f(x)=2x-\cos x$,$\{a_n\}$ 是公差为 $\dfrac{\pi}{8}$ 的等差数列,$f(a_1)+f(a_2)+\cdots+f(a_5)=5\pi$,则 $[f(a_3)]^2-a_2a_3=(\quad)$.

A. 0 B. $\dfrac{1}{16}\pi^2$ C. $\dfrac{1}{8}\pi^2$ D. $\dfrac{13}{16}\pi^2$

分析 题目条件有 3 个,将 $f(x)=2x-\cos x$ 代入 $f(a_1)+f(a_2)+\cdots+f(a_5)=$

5π,得

$$2(a_1 + a_2 + a_3 + a_4 + a_5) - (\cos a_1 + \cos a_2 + \cos a_3 + \cos a_4 + \cos a_5) = 5\pi,$$

为五元方程.考虑利用条件公差为 $\dfrac{\pi}{8}$ 的等差数列消元,得

$$10a_3 - \left[\cos\left(a_3 - \dfrac{\pi}{4}\right) + \cos\left(a_3 - \dfrac{\pi}{8}\right) + \cos a_3 + \cos\left(a_3 + \dfrac{\pi}{8}\right) + \cos\left(a_3 + \dfrac{\pi}{4}\right)\right] = 5\pi$$

(由结论可知选 a_3 留下),进一步变形为

$$10a_3 - \left(2\cos\dfrac{\pi}{8} + 2\cos\dfrac{\pi}{4} + 1\right)\cos a_3 - 5\pi = 0,$$

为一元方程,对应函数

$$g(x) = 10x - \left(2\cos\dfrac{\pi}{8} + 2\cos\dfrac{\pi}{4} + 1\right)\cos x - 5\pi.$$

显然 $g'(x) > 0$,又 $g\left(\dfrac{\pi}{2}\right) = 0$,所以 $a_3 = \dfrac{\pi}{2}$,则 $a_1 = \dfrac{\pi}{4}$, $a_2 = \dfrac{3\pi}{8}$,于是 $[f(a_3)]^2 - a_2 a_3 = \dfrac{13}{16}\pi^2$. 故选 D.

点评 本题利用函数 $y = x - \dfrac{\pi}{2}$ 和 $y = \cos x$ 都是以 $\left(\dfrac{\pi}{2}, 0\right)$ 为对称中心构建.

前面研究的是一个方程自身的处理,接下来研究方程与其他方程或不等式配合时起的作用.

2. 观察二元方程

① 二元一次方程 $ax + by + c = 0$(a, b, c 为常数且 $a^2 + b^2 \neq 0$).

方程有解,则 $\sqrt{x^2 + y^2} \geqslant \dfrac{|c|}{\sqrt{a^2 + b^2}}$,这其实是柯西不等式的一种演绎,其几何解释为直线 $ax + by + c = 0$ 上的点到原点距离的最小值为原点到直线的距离,如图 3.21 所示.

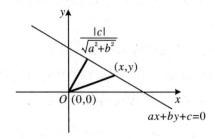

图 3.21

② 二元二次方程 $ax^2 + bxy + cy^2 + dx + ey + f = 0$($a, b, c, d, e, f$ 为常数且 $a^2 + b^2 + c^2 \neq 0$).

首先判断二元二次代数式能否因式分解($\Delta = b^2 - 4ac = 0$),即
$$(a_1 x + b_1 y + c_1)(a_2 x + b_2 y + c_2) = 0,$$
其中 $a_1 a_2 = a, b_1 b_2 = c, a_1 b_2 + b_1 a_2 = 0$,可利用"十字相乘法"因式分解,其余部分用待定系数法处理,这样二元二次方程代表的曲线为两直线.

如果不能因式分解($\Delta = b^2 - 4ac = 0$),则考虑作简化处理.

变形处理 1

进行配方,将含交叉项 xy 的项和含 x 的项放入平方项中.

当 $a \neq 0$ 时,
$$a\left(x + \frac{b}{2a}y + \frac{d}{2a}\right)^2 + \left(c - \frac{bd}{2a}\right)y^2 + \left(e - \frac{d^2}{4a}\right)y + f - \frac{d^2}{4a} = 0.$$

再次配方,将含 y 的一次项放入平方项中.

当 $c - \frac{bd}{2a} \neq 0$ 时,
$$a\left(x + \frac{b}{2a}y + \frac{d}{2a}\right)^2 + \left(c - \frac{bd}{2a}\right)\left(y + \frac{e - \frac{d^2}{4a}}{2c - \frac{bd}{a}}\right)^2 + f - \frac{d^2}{4a} - \frac{\left(e - \frac{d^2}{4a}\right)^2}{4\left(c - \frac{bd}{2a}\right)} = 0.$$

进行换元,即
$$x_1 = x + \frac{b}{2a}y + \frac{d}{2a},$$

$$y_1 = y + \frac{e - \frac{d^2}{4a}}{2c - \frac{bd}{a}},$$

$$F = f - \frac{d^2}{4a} - \frac{\left(e - \frac{d^2}{4a}\right)^2}{4\left(c - \frac{bd}{2a}\right)},$$

得 $ax_1^2 + \left(c - \frac{bd}{2a}\right)y_1^2 + F = 0$,再考虑三角换元.

变形处理 2

对方程 $ax^2 + bxy + cy^2 + dx + ey + f = 0$ 的变量 x, y 进行平移变换.

令 $x_1 = x + m, y_1 = y + n$,则方程转化为
$$ax_1^2 + bx_1 y_1 + cy_1^2 + (d - 2am - bn)x_1 + (e - 2bn - bm)y_1$$
$$+ f - md - dn + bmn = 0.$$

令
$$d - 2am - bn = 0,$$
$$e - 2bn - bm = 0,$$
$$f - md - dn + bmn = F,$$

则方程变为 $ax_1^2 + bx_1y_1 + cy_1^2 + F = 0$（只展示高中阶段会碰到的几种形态）.

当 $b=0, ac>0, F<0$ 时，方程代表椭圆；$ac<0, F\neq 0$ 时，方程代表双曲线.

当 $b\neq 0$ 时，利用坐标轴逆时针转动 θ 角，$\begin{cases} x_2 = x_1\cos\theta + y_1\sin\theta, \\ y_2 = y_1\cos\theta - x_1\sin\theta, \end{cases}$ 得 $ax_2^2 + cy_2^2 + F_2 = 0$.

③ 二元方程变成一元函数.

例 3.47 如果 $(x+\sqrt{x^2+1})(y+\sqrt{y^2+1}) = 1$，则 $x+y=0$.

分析 $(x+\sqrt{x^2+1})(y+\sqrt{y^2+1}) = 1 \Leftrightarrow x+\sqrt{x^2+1} = \sqrt{y^2+1} - y$.

记 $f(x) = \sqrt{x^2+1} + x$，问题就转化为 $f(x) = f(-y) \Rightarrow x = -y$. 只需 $f(x)$ 严格单调.

"$f(x)$ 严格单调递增"问题的深层结构为 $f(x_1) = f(x_2) \Leftrightarrow x_1 = x_2$.

若 $x_1 > x_2$，则 $f(x_1) > f(x_2)$；

若 $x_1 < x_2$，则 $f(x_1) < f(x_2)$.

3. 观察方程可以如何利用

(1) 利用方程直接消元

例 3.48 若 a, b 是正数，且满足 $ab = a+b+3$，则 ab 的取值范围为 _____.

分析 条件中限制为 $\begin{cases} ab = a+b+3, \\ a>0, \\ b>0, \end{cases}$ 目标函数为 ab. 限制条件中有方程，可利用其消元，$b = \dfrac{a+3}{a-1}$. 因为 $a>0, b>0$，所以 $a>1$，则 $ab = a\dfrac{a+3}{a-1}$. 令 $t = a-1(t>0)$，则目标变为 $\dfrac{(t+1)(t+4)}{t} = t + \dfrac{4}{t} + 5 \geq 9$. 当 $t=2$，即 $a=3, b=3$ 时，取得最小值 9. 故 $ab \geq 9$.

点评 方程中有一次式的变量，可反解代入其他代数式消元.

例 3.49 已知 $a_n > 0$，且 $b_n = \ln(1+a_n) + \dfrac{1}{2}a_n^2$，求证：对一切 $n \in \mathbf{N}^*$，都有 $\dfrac{2}{a_n+2} < \dfrac{a_n}{b_n}$ 成立.

分析 此题综合性较大，难以下手，只有对求证的式子进行转化，找到解题思路. 转化过程为

$$\dfrac{2}{a_n+2} < \dfrac{a_n}{b_n} \Leftrightarrow 2b_n < a_n^2 + 2a_n$$

$$\Leftrightarrow 2\ln(1+a_n) + a_n^2 < a_n^2 + 2a_n$$
$$\Leftrightarrow \ln(1+a_n) < a_n$$
$$\Leftrightarrow \ln(1+a_n) - a_n < 0.$$

因此只需证明函数 $f(a_n) = \ln(1+a_n) - a_n$ 在定义域内恒小于 0.

证明：不等式 $\dfrac{2}{a_n+2} < \dfrac{a_n}{b_n}$ 等价于不等式 $\ln(1+a_n) - a_n < 0$. 下证 $\ln(1+a_n) - a_n < 0$.

构造函数 $f(x) = \ln(1+x) - x \, (x>0)$，则
$$f'(x) = \frac{1}{1+x} - 1 = \frac{-x}{1+x} < 0.$$

于是 $f(x)$ 在 $(0, +\infty)$ 上单调递减，且 $a_n > 0$.

故 $f(a_n) < f(0) \Rightarrow \ln(1+a_n) - a_n < 0$.

点评 将等式代入不等式消元，再变形不等式，以便更容易证明.

(2) 利用方程对应的参数式消元

例 3.50 已知函数 $f(x) = x^2 + (a^2+b^2-1)x + ab + b^2 - 1$ 是偶函数，求此函数与 y 轴交点的纵坐标的最大值.

分析 条件转化为 $a^2 + b^2 = 1$，结论为二元代数式 $ab + b^2 - 1$.

考虑利用参数方程 $\begin{cases} a = \cos\theta, \\ b = \sin\theta \end{cases}$ 来消元，则

$$ab + b^2 - 1 = \cos\theta \cdot \sin\theta + \sin^2\theta - 1 = \frac{1}{2}\sin 2\theta + \frac{1-\cos 2\theta}{2} - 1$$
$$= \frac{\sqrt{2}}{2}\sin\left(2\theta - \frac{\pi}{4}\right) - \frac{1}{2},$$

故 $(ab + b^2 - 1)_{\max} = \dfrac{\sqrt{2}-1}{2}$.

点评 一般而言，利用圆的参数式与椭圆的参数式来消元较普遍.

练习 函数 $y = \sqrt{x-4} + \sqrt{15-3x}$ 的值域为 _____.

答案 $[1, 2]$.

(3) 利用方程简化代数式结构

例 3.51 已知 $a > 0$，函数 $f(x) = a \cdot e^x + \dfrac{a+1}{x} - 2(a+1) \, (x>0)$，当 $a \geqslant \dfrac{1}{e-1}$ 时，证明：$f(x) \geqslant 0$.

分析 本题可处理成二元不等式恒成立问题，转化为二元函数最值问题. 以 x 为主元，研究 $f(x)$ 的单调性，$f'(x) = a \cdot e^x - \dfrac{a+1}{x^2}$，令 $f'(x) = 0$，$\dfrac{a}{a+1}e^x = \dfrac{1}{x^2}$. 分别作出 $y_1 =$

$\dfrac{a}{a+1}e^x$ 与 $y_2=\dfrac{1}{x^2}$ 的图像,两图像有一交点,横坐标为 x_0,则 $f(x)$ 在 $(0,x_0)$ 内递减,在 $(x_0,+\infty)$ 内递增,$f(x)_{\min}=f(x_0)$,其中 $ae^{x_0}=\dfrac{a+1}{x_0^2}$.

利用方程 $ae^{x_0}=\dfrac{a+1}{x_0^2}$ 对 $f(x_0)$ 中的复杂结构进行简化,则

$$f(x_0)=\dfrac{a+1}{x_0^2}+\dfrac{a+1}{x_0}-2(a+1)$$
$$=(a+1)\left(\dfrac{1}{x_0^2}+\dfrac{1}{x_0}-2\right),$$

研究方程有解对 x_0 的限制,分离变量得 $x_0^2 e^{x_0}=\dfrac{a+1}{a}$. 因为 $a\geqslant\dfrac{1}{e-1}$,$\dfrac{a+1}{a}\leqslant 1+e-1=e$,$g(x_0)=x_0^2 e^{x_0}$ 在 $(0,+\infty)$ 内递增,$g(1)=e$,所以 $0<x_0\leqslant 1$,$\dfrac{1}{x_0^2}+\dfrac{1}{x_0}-2\geqslant 0$,$a+1\geqslant 0$,$f(x_0)\geqslant 0$.

故当 $a\geqslant\dfrac{1}{e-1}$ 时,$f(x)\geqslant 0$.

点评 利用方程,消去代数式中的指数部分、对数部分、高次项等复杂部分,使目标代数式更容易处理.

(4) 利用等式升降次数

例 3.52 已知 $x_0^2+x_0-1=0$,$f(x)=x^4+2x^2+x+1$,求 $f(x_0)$.

分析 条件为一等式 $x_0^2+x_0-1=0$,解得 $x_0=\dfrac{-1\pm\sqrt{5}}{2}$. 条件式可分离为 $x_0^2=1-x_0$,结论为

$$f(x_0)=(1-x_0)^2+2(1-x_0)+x_0+1=x_0^2-3x_0+4$$
$$=1-x_0-3x_0+4=-4x_0+5=7\pm 2\sqrt{5}.$$

点评 条件与结论中的代数式均为多项式时,等式可以用来降低代数式的次数.

练习 实数 α 满足 $\cos\alpha=\tan\alpha$,则 $\dfrac{1}{\sin\alpha}+\cos^4\alpha$ 的值为_____.

答案 2.

4. 多元方程的结构

方程根据含未知数的个数分为一元方程 $f(x)=0$、二元方程 $f(x,y)=0$、三元方程 $f(x,y,z)=0$;根据最高次分为一次方程、二次方程、三次方程等;根据对称性和齐次性分为具有或不具有……不同分类的方程具有不同的结构,有针对性地应用可简化方程.

例如典型的二元二次方程 $f(x,y)=ax^2+bxy+cy^2+dx+ey+f=0$,若具有对称

性，方程就变成 $a(x^2+y^2)+bxy+d(x+y)+f=0$，可利用 $x^2+y^2=(x+y)^2-2xy$ 消元；若是齐二次的，方程就变成 $ax^2+bxy+cy^2=0$，可化为 $a\left(\dfrac{x}{y}\right)^2+b\dfrac{x}{y}+c=0(y\neq 0)$，处理成一元方程．

简化方程，一般有三种方式：一是因式分解，$f(x,y)=F(x,y)G(x,y)$；二是通过消元，减少未知数个数；三是通过换元，处理成两个简单的结构．

很多方程问题也可转化为函数问题，例如将 $f(x,y)=0$ 通过分离变量或 $F(x)=G(y)$，局部分离变量或利用 $F(x)=ax+b$ 再结合图像研究．

例 3.53 已知函数 $f(x)=\begin{cases}2^x-a & (x\leqslant 0),\\ x^3-3ax+a & (x>0)\end{cases}$ 有三个不同的零点，则实数 a 的取值范围是_____．

分析 由于函数含有参数 a，直接研究 $f(x)$ 的图像比较困难，因此考虑对变量进行分离．要令 $f(x)$ 有三个不同的零点，研究方程 $2^x=a(x\leqslant 0)$ 有一个根．令 $F(x)=2^x(x\leqslant 0)$，并作出图像，如图 3.22 所示，得到 $0<a\leqslant 1$．

再研究方程 $x^3=a(3x-1)(x>0)$ 必须有两个根，分别作出 $y=x^3(x>0)$ 和 $y=a(3x-1)(x>0)$ 的图像，如图 3.23 所示，则 $a>\dfrac{1}{4}$．

故实数 a 的取值范围是 $\dfrac{1}{4}<a\leqslant 1$．

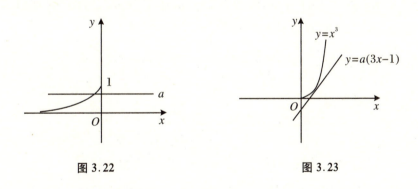

图 3.22　　　　　　　　　图 3.23

点评 含参二元及以上的方程，一般通过分离变量加以研究更容易．

5. 相似方程的搭配处理

(1) 类似一元方程组

例 3.54 已知 $a,\beta\in\mathbf{R}$，直线 $\dfrac{x}{\sin\alpha+\sin\beta}+\dfrac{y}{\sin\alpha+\cos\beta}=1$ 与 $\dfrac{x}{\cos\alpha+\sin\beta}+\dfrac{y}{\cos\alpha+\cos\beta}=1$ 的交点在直线 $y=-x$ 上，则 $\sin\alpha+\cos\alpha+\sin\beta+\cos\beta=$ _____．

分析 由已知可知,方程组 $\begin{cases} \dfrac{x}{\sin\alpha+\sin\beta}+\dfrac{y}{\sin\alpha+\cos\beta}=1, \\ \dfrac{x}{\cos\alpha+\sin\beta}+\dfrac{y}{\cos\alpha+\cos\beta}=1 \end{cases}$ 中有两方程,类似、相异的量为 $\sin\alpha$ 与 $\cos\alpha$,一般化为 t,则两方程统一为 $\dfrac{x}{t+\sin\beta}+\dfrac{y}{t+\cos\beta}=1$,有两根 $\sin\alpha$,$\cos\alpha$. 再设两直线交点为 $(x_0,-x_0)$,则 $\sin\alpha$,$\cos\alpha$ 为 $\dfrac{x_0}{t+\sin\beta}+\dfrac{-x_0}{t+\cos\beta}=1$ 的两根,方程变形为

$$t^2+(\cos\beta+\sin\beta)t-x_0(\cos\beta-\sin\beta)+\sin\beta\cos\beta=0,$$

所以

$$\sin\alpha+\cos\alpha=-(\sin\beta+\cos\beta),$$

即

$$\sin\alpha+\cos\alpha+\sin\beta+\cos\beta=0.$$

点评 从相似的方程、相似的不等式中一般化出研究对象,是归纳推理中的一种.

例 3.55 已知函数 $f(x)=\log_m\dfrac{x-3}{x+3}$.

(1) 若 $f(x)$ 的定义域为 $[\alpha,\beta](\beta>\alpha>0)$,判断 $f(x)$ 在定义域上的增减性,并加以说明.

(2) 当 $0<m<1$ 时,使 $f(x)$ 的值域为 $[\log_m m(\beta-1),\log_m m(\alpha-1)]$ 的定义域区间为 $[\alpha,\beta](\beta>\alpha>0)$ 是否存在?请说明理由.

分析 (1) $\dfrac{x-3}{x+3}>0 \Leftrightarrow x<-3$ 或 $x>3$. 因为 $f(x)$ 的定义域为 $[\alpha,\beta]$,所以 $\alpha>3$.

设 $\beta\geqslant x_1>x_2\geqslant\alpha$,有

$$\dfrac{x_1-3}{x_1+3}-\dfrac{x_2-3}{x_2+3}=\dfrac{6(x_1-x_2)}{(x_1+3)(x_2+3)}>0.$$

当 $0<m<1$ 时,$f(x)$ 为减函数;当 $m>1$ 时,$f(x)$ 为增函数.

(2) 设 $f(x)$ 在 $[\alpha,\beta]$ 上的值域为 $[\log_m m(\beta-1),\log_m m(\alpha-1)]$.

因为 $0<m<1$,$f(x)$ 为减函数,所以

$$\begin{cases} f(\beta)=\log_m\dfrac{\beta-3}{\beta+3}=\log_m m(\beta-1), \\ f(\alpha)=\log_m\dfrac{\alpha-3}{\alpha+3}=\log_m m(\alpha-1), \end{cases}$$

即

$$\begin{cases} m\beta^2+(2m-1)\beta-3(m-1)=0, \\ m\alpha^2+(2m-1)\alpha-3(m-1)=0. \end{cases}$$

又 $\beta>\alpha>3$,即 α,β 为方程 $mx^2+(2m-1)x-3(m-1)=0$ 的大于 3 的两个根,则

$$\begin{cases} 0<m<1, \\ \Delta=16m^2-16m+1>0, \\ -\dfrac{2m-1}{2m}>3, \\ mf(3)>0, \end{cases}$$

所以 $0<m<\dfrac{2-\sqrt{3}}{4}$.故当 $0<m<\dfrac{2-\sqrt{3}}{4}$ 时,满足题意条件的定义域 $[\alpha,\beta]$ 存在.

(2) 类似二元方程组

例 3.56 已知 $a^2\sin\theta+a\cos\theta-2=0$,$b^2\sin\theta+b\cos\theta-2=0(a\neq b)$ 对任意 $a,b\in\mathbf{R}$,经过两点 $(a,a^2),(b,b^2)$ 的直线与一定圆相切,则该圆的方程为_____.

分析 由已知可知,方程组 $\begin{cases} a^2\sin\theta+a\cos\theta-2=0, \\ b^2\sin\theta+b\cos\theta-2=0 \end{cases}$ 中两方程类似、相异的量为 a 与 b,a^2 与 b^2,一般化为 x,y,则 $x\cos\theta+y\sin\theta-2=0$ 上有两点 $(a,a^2),(b,b^2)$,原点到直线的距离 $d=\dfrac{|-2|}{\sqrt{\cos^2\theta+\sin^2\theta}}=2$,故圆的方程为 $x^2+y^2=4$.

点评 类似的量用一变元代替,一般化出研究对象,找到其几何意义,对解题会有很大帮助.

(3) 类似几何条件导出相似方程组

例 3.57 已知点 P 是抛物线 $C_1:x^2=y$ 上一点(不等于原点),圆 $C_2:x^2+(y-4)^2=1$ 的圆心为点 M,过点 P 作圆 C_2 的两条切线,交抛物线 C_1 于 A,B 两点,若过 M,P 两点的直线 l 垂直于 AB,求直线 l 的方程.

分析 如图 3.24 所示,P 为抛物线上动点,利用方程 $y=x^2$ 设为 (x_0,x_0^2),条件中对 A,B 的限制类似,考虑利用相似方程组,设 $A(x_1,x_1^2),B(x_2,x_2^2)$,直线 $l_{PA}:y-x_0^2=k_1(x-x_0)$,$l_{PB}:y-x_0^2=k_2(x-x_0)$,一般化为 $y-x_0^2=kx-kx_0$,它为切线,所以 $\dfrac{|-4+x_0^2-kx_0|}{\sqrt{1+k^2}}=1$

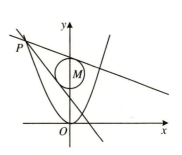

图 3.24

有两根 k_1,k_2,方程变形为

$$(x_0^2-1)k^2-2x_0(x_0^2-4)k+(x_0^2-4)^2-1=0,$$

于是 $k_1+k_2=\dfrac{2x_0(x_0^2-4)}{x_0^2-1}$.

由于点 A 在 l_{PA} 上,因此 $x_1^2-x_0^2=k_1(x_1-x_0)\Rightarrow x_1+x_0=k_1$,同理 $x_2+x_0=k_2$.

由条件 $MP\perp AB$,有 $\dfrac{x_0^2-4}{x_0}\cdot\dfrac{x_1^2-x_2^2}{x_1-x_2}=-1$,于是 $x_1+x_2=\dfrac{x_0}{4-x_0^2}$.

由前面
$$x_1 + x_2 + 2x_0 = k_1 + k_2,$$
$$\frac{x_0}{4-x_0^2} + 2x_0 = \frac{2x_0(x_0^2-4)}{x_0^2-1},$$

得 $x_0^2 = \frac{23}{5}$. 故有 $P\left(\pm\sqrt{\frac{23}{5}}, \frac{23}{5}\right)$, 直线 $y = \pm\frac{3\sqrt{115}}{115}x + 4$.

点评 将本题转化为规划问题 $\begin{cases} x_1 + x_0 = k_1, \\ x_2 + x_0 = k_2, \\ \dfrac{(x_0^2-4)(x_1+x_2)}{x_0} = -1, \\ k_1 + k_2 = \dfrac{2x_0(x_0^2-4)}{x_0^2-1}. \end{cases}$

此方程组中,变元 k_1 与 k_2 对称,x_1 与 x_2 对称,消元时,要注意方程的搭配.

(4) 三元方程的处理

例 3.58 已知函数 $f(x) = x^2 + \dfrac{1}{x^2} + a\left(x + \dfrac{1}{x}\right) + b\ (a\in\mathbf{R}, b\in\mathbf{R})$ 在实数集上存在零点,则 $a^2 + b^2$ 的最小值是 _____.

分析 条件为当 $x_0 \in \mathbf{R}$ 时,$x_0^2 + \dfrac{1}{x_0^2} + a\left(x_0 + \dfrac{1}{x_0}\right) + b = 0$ 有根 x_0. 结论为二元函数 $a^2 + b^2$, 几何意义为点 (a,b) 到 $(0,0)$ 距离的平方. 条件是三元方程有根, 可看作关于 a, b 的二元一次方程,则直线 $a\left(x_0 + \dfrac{1}{x_0}\right) + b + x_0^2 + \dfrac{1}{x_0^2} = 0$ 上的点 (a, b) 满足

$$\sqrt{a^2+b^2} \geq \frac{x_0^2 + \dfrac{1}{x_0^2}}{\sqrt{\left(x_0 + \dfrac{1}{x_0}\right)^2 + 1}}.$$

令 $t = x_0^2 + \dfrac{1}{x_0^2}, t \geq 2, g(t) = \dfrac{t}{\sqrt{t+3}} = \sqrt{t+3} - \dfrac{3}{\sqrt{t+3}}$ 在 $[2, +\infty)$ 上递增,当 $t = 2$ 时,$g(t)_{\min} = \dfrac{2}{\sqrt{5}}$.

故 $(a^2 + b^2)_{\min} = \dfrac{4}{5}$.

6. 不相似方程的搭配

(1) 二元一次方程与二元二次方程

例 3.59 已知 $a \in \mathbf{R}, b \in \mathbf{R}$, 且 $a^2 - 2ab + 5b^2 = 4$, 求 $a + b$ 的范围.

分析 将结论改为等式,令 $a+b=t$,则方程组 $\begin{cases} a^2-2ab+5b^2=4, \\ a+b=t \end{cases}$ 有解.利用等式 $b=t-a$ 进行消元,得 $8a^2-12ta+5t^2-4=0$ 有解,则
$$\Delta = 144t^2 - 32(5t^2-4) \geqslant 0,$$
解得 $-2\sqrt{2} \leqslant t \leqslant 2\sqrt{2}$.

(2) 二元二次方程配合

例 3.60 已知 $a \in \mathbf{R}, b \in \mathbf{R}$,且 $a^2-2ab+5b^2=4$,求 ab 的范围.

分析 将结论改为等式,令 $ab=t$,则方程组 $\begin{cases} a^2-2ab+5b^2=4, \\ ab=t \end{cases}$ 有解.利用等式 $b=\dfrac{t}{a}$ 进行消元,得 $a^4-(4+2t)a^2+5t^2=0$ 有解,将高次方程进行换元,令 $x=a^2, x \geqslant 0, x^2-(4+2t)x+5t^2=0$ 有非负解,则
$$\begin{cases} \Delta = (4+2t)^2 - 20t^2 \geqslant 0, \\ 4+2t \geqslant 0, \\ 5t^2 \geqslant 0, \end{cases}$$
解得 $\dfrac{1-\sqrt{5}}{2} \leqslant t \leqslant \dfrac{1+\sqrt{5}}{2}$.

点评 当两个二元二次方程配合时,如果无法进行消元操作,则可利用方程的参数形态进行消元,如本题中将 $a^2-2ab+5b^2=4$ 变形为 $(a-b)^2+(2b)^2=4$.从而令 $a-b=2\cos\theta, 2b=2\sin\theta$.

例 3.61 已知实数 x,y 满足 $x^2+2\sqrt{3}xy-y^2=1$,则 x^2+y^2 的最小值是 _____.

分析 观察条件 $x^2+2\sqrt{3}xy-y^2=1$,配方后转化为 $(x+\sqrt{3}y)^2-4y^2=1$,如果用参数法消元,令 $x+\sqrt{3}y=\dfrac{1}{\cos\theta}, 2y=\tan\theta$,代入 x^2+y^2 可以解决,但三角处理比较麻烦.接下来考虑利用结论的参数形式消元.

令 $x^2+y^2=R^2$,则 $x=R\cos\theta, y=R\sin\theta$,代入条件得
$$R^2\cos^2\theta + 2\sqrt{3}R^2\cos\theta\sin\theta - R^2\sin^2\theta = 1,$$
分离变量并整理得 $\dfrac{1}{R^2}=\cos 2\theta+\sqrt{3}\sin 2\theta$,则 $\dfrac{1}{R^2} \leqslant 2$,得到 $R^2 \geqslant \dfrac{1}{2}$,显然最小值可以取到,$x^2+y^2$ 的最小值是 $\dfrac{1}{2}$.

7. 推理的结构问题

(1) 由等式推出等式

例 3.62 在 $\triangle ABC$ 中,角 A,B,C 所对的边分别为 a,b,c,已知 $\dfrac{2\cos A - 3\cos C}{\cos B} = \dfrac{3c - 2a}{b}$,求 $\dfrac{a}{c}$.

分析 条件为等式,结论为求值,利用方程思想解决此问题,先选择基本量,然后列方程,最后进行消元.

在 $\triangle ABC$ 中,已知的量为 a,b,c,A,B,C,可列方程为

$$\cos A = \frac{b^2 + c^2 - a^2}{2bc},$$

$$\cos B = \frac{a^2 + c^2 - b^2}{2ac},$$

$$\cos C = \frac{a^2 + b^2 - c^2}{2ba} \quad (余弦定理),$$

$$\frac{a}{\sin A} = \frac{b}{\sin B} = \frac{c}{\sin C} \quad (正弦定理).$$

对于 $\triangle ABC$,消元方程一般有两种:全部消灭角或全部消灭边,本题中将角消灭变成边,代数式太复杂,考虑将角转化为边得

$$\frac{2\cos A - 3\cos C}{\cos B} = \frac{3\sin C - 2\sin A}{\sin B},$$

化简得

$$2\sin(A + B) = 3\sin(B + C),$$

即 $2\sin C = 3\sin A$,故 $\dfrac{a}{c} = \dfrac{2}{3}$.

点评 在使用方程思想的时候,基本量的选择和列出基本量间的关系(列方程)很关键.

(2) 由等式推出不等式

例 3.63 已知 $a^3 + b^3 = 2$,求证:$a + b \leqslant 2$.

分析 条件为一等式,分离变量为 $a^3 = 2 - b^3$.

结论为一不等式,分离变量为 $a \leqslant 2 - b$.

对结论进行反推,$a \leqslant 2 - b \Leftrightarrow a^3 \leqslant (2-b)^3$,将条件代入消元,可得

$$2 - b^3 \leqslant (2-b)^3 \Leftrightarrow 6b^2 - 12b + 6 \geqslant 0$$

$$\Leftrightarrow b^2 - 2b + 1 \geqslant 0,$$

显然成立.得证.

点评 条件中的等式一般起到消元的作用.

练习

1. 若 α,β 均为锐角,且 $2\sin\alpha = \sin\alpha\cos\beta + \cos\alpha\sin\beta$,则 α 与 β 的大小关系为 ( ).

  A. $\alpha < \beta$ B. $\alpha > \beta$ C. $\alpha \leqslant \beta$ D. 不确定

分析 推理方式为由等式推出不等式,可考虑抓住结论进行反推.

条件为 $2\sin\alpha = \sin\alpha\cos\beta + \cos\alpha\sin\beta$,结论假定为 $\alpha \geqslant \beta$,则 $\begin{cases}\sin\alpha \geqslant \sin\beta, \\ \cos\alpha \leqslant \cos\beta.\end{cases}$ 又 α,β 为锐角,则 $\sin\alpha\cos\beta \geqslant \cos\alpha\sin\beta$,利用 $\cos\alpha\sin\beta = 2\sin\alpha - \sin\alpha\cos\beta$,消元得

$$2\sin\alpha - \sin\alpha\cos\beta \leqslant \sin\alpha\cos\beta \Leftrightarrow 2\sin\alpha \leqslant 2\sin\alpha\cos\beta.$$

因为 $\sin\alpha > 0$,所以 $\cos\beta \geqslant 1$,显然不成立.

故假定不正确,于是 $\alpha < \beta$.

2. 若 $0 < x, y < \dfrac{\pi}{2}$ 且 $\sin x = x \cdot \cos y$,则( ).

  A. $y < \dfrac{x}{4}$ B. $\dfrac{x}{4} < y < \dfrac{x}{2}$ C. $\dfrac{x}{2} < y < x$ D. $x < y$

分析 推理方式为由等式推出不等式,可考虑抓住结论进行反推.

本题为选择题,可先假设某一选项为正解,再等价转化到某一已知,最后分析是否正确.

假设 $x < y$,则 $\cos x > \cos y$,利用 $\cos y = \dfrac{\sin x}{x}$,消元得 $\cos x > \dfrac{\sin x}{x}$,即 $x > \tan x$,而 $0 < x < \dfrac{\pi}{2}$,$\sin x < x < \tan x$ 成立.故假设不成立,于是 $x > y$.

假设 $\dfrac{x}{2} < y$,则 $\cos\dfrac{x}{2} > \cos y$,利用 $\cos y = \dfrac{\sin x}{x}$,消元得 $\cos\dfrac{x}{2} > \dfrac{\sin x}{x}$,即 $x > 2\sin\dfrac{x}{2}$ $\Leftrightarrow \dfrac{x}{2} > \sin\dfrac{x}{2}$,成立.故 $\dfrac{x}{2} < y$.选 C.

(3) 由不等式推出不等式

例 3.64 若 $a > 0, b > 0, 2c > a + b$,求证:$c - \sqrt{c^2 - ab} < a < c + \sqrt{c^2 - ab}$.

分析 条件为不等式 $a > 0, b > 0, 2c > a + b$.

结论为三元不等式 $c - \sqrt{c^2 - ab} < a < c + \sqrt{c^2 - ab}$.

考虑利用不等式 $c > \dfrac{a+b}{2}$ 消元.

$$c+\sqrt{c^2-ab} > \frac{a+b}{2}+\sqrt{\left(\frac{a+b}{2}\right)^2-ab}$$

$$=\frac{a+b}{2}+\left|\frac{a-b}{2}\right|=a \text{ 或 } b,$$

所以 $c+\sqrt{c^2-ab}>a$.

同理,

$$c-\sqrt{c^2-ab}=\frac{ab}{c+\sqrt{c^2-ab}}$$

$$<\frac{ab}{\frac{a+b}{2}+\sqrt{\left(\frac{a+b}{2}\right)^2-ab}}$$

$$=\frac{ab}{a} \text{ 或 } \frac{ab}{b}=b \text{ 或 } a,$$

所以 $c-\sqrt{c^2-ab}<a$.

故 $c-\sqrt{c^2-ab}<a<c+\sqrt{c^2-ab}$.

点评 对不等式进行同方向传递不等号,利用不等式的加法和乘法原则.

8. 等式与不等式混合的问题

例 3.65 已知函数 $f(x)=ax^2+bx+1(a>0,b\in\mathbf{R})$,设方程 $f(x)=x$ 有两个实数根 x_1,x_2.

(1) 如果 $x_1<2<x_2<4$,设函数 $f(x)$ 的对称轴为 $x=x_0$. 求证:$x_0>-1$.

(2) 如果 $0<x_1<2$,且 $f(x)=x$ 有两个实数根相差 2,求实数 b 的取值范围.

分析 条件方程 $f(x)=x$ 有两个实数根 x_1,x_2,转化为等式 $ax^2+(b-1)x+1=0$,则有

$$x_1+x_2=\frac{1-b}{a}, \quad x_1x_2=\frac{1}{a}.$$

函数 $f(x)$ 的对称轴为 $x=x_0$ 转化为 $x_0=-\frac{b}{2a}$.

(1) 已知不等式 $x_1<2<x_2<4, a>0$.

结论为不等式 $x_0>-1$.

四个变量中,对于 x_1,x_2 信息最多,选择其作为基本量.

对其他的量 a,b 进行消元,得 $a=\frac{1}{x_1x_2}, b=1-(x_1+x_2)\frac{1}{x_1x_2}$,代入结论代数式,得

$$x_0 = -\frac{1}{2}(x_1 x_2 - x_1 - x_2) = -\frac{1}{2}(x_1-1)(x_2-1) + \frac{1}{2}.$$

由于 $x_1 < 2 < x_2 < 4, a > 0, a = \frac{1}{x_1 x_2}$,因此 $0 < x_1 < 2, 2 < x_2 < 4$,故 $-3 < (x_1-1)(x_2-1) < 3$,解得 $x_0 > -1$.

(2) 条件中等式有 $x_1 + x_2 = \frac{1-b}{a}, x_1 x_2 = \frac{1}{a}, x_2 - x_1 = 2$(若 $x_1 - x_2 = 2$,则 $x_2 < 0$,导致矛盾),不等式有 $0 < x_1 < 2$.

结论为求 b 的取值范围.

利用等式消元,得

$$a = \frac{1}{x_1 x_2},$$

$$x_2 - x_1 = 2,$$

$$b = 1 - (x_1 + x_2)\frac{1}{x_1 x_2} = 1 - \frac{2x_1 + 2}{x_1(x_1+2)}.$$

设 $g(x) = \frac{x+1}{x(x+2)}$,则

$$g(x_1) = \frac{x_1 + 1}{x_1(x_1+2)} = \frac{1}{x_1 + 1 - \frac{1}{x_1+1}},$$

因为 $1 < x_1 + 1 < 3$,所以

$$0 < x_1 + 1 - \frac{1}{x_1+1} < 3 - \frac{1}{3} = \frac{8}{3},$$

于是

$$g(x_1) > \frac{3}{8},$$

$$b = 1 - 2g(x_1) < \frac{1}{4}.$$

点评 在处理既有等式又有不等式的混合问题中,一般先进行等式处理,选择基本量、列方程、消元,再进行不等式处理,一般不等式只使用一次.

练习 二次函数 $f(x) = ax^2 + bx + c(a, b, c \in \mathbf{R})$,若 $3a + 2b + 2c = 0, f(0) > 0, f(2) > 0$.

(1) 求证: $a > 0$ 且 $-\frac{5}{2} < \frac{b}{a} < -\frac{3}{2}$;

(2) 求证:函数 $f(x)$ 在区间 $(0, 2)$ 内有两个零点 x_1, x_2,求 $|x_2 - x_1|$ 的取值范围.

分析 (1) $\begin{cases} c > 0, \\ 4a + 2b + c > 0, \\ 3a + 2b + 2c = 0, \end{cases}$ 消元得 $\begin{cases} 5a + 2b > 0, \\ -3a - 2b > 0, \end{cases}$ 即 $-3a > 2b > -5a$,所以 a

$>0, -\dfrac{5}{2} < \dfrac{b}{a} < -\dfrac{3}{2}$.

(2) 对称轴为 $x = -\dfrac{b}{2a}, \dfrac{3}{4} < -\dfrac{b}{2a} < \dfrac{5}{4}$. 又 $f(0) > 0, f(2) > 0$, 则

$$\Delta = b^2 - 4ac = b^2 + 2a(3a + 2b)$$
$$= 6a^2 + 4ab + b^2$$
$$= 2a^2 + (2a + b)^2 > 0,$$

所以 $f(x)$ 在 $(0,2)$ 内有两个零点.

$$x_1 + x_2 = -\dfrac{b}{a},$$
$$x_1 \cdot x_2 = \dfrac{c}{a},$$
$$|x_2 - x_1|^2 = (x_1 + x_2)^2 - 4x_1 x_2 = \dfrac{b^2}{a^2} - \dfrac{4c}{a} = \dfrac{b^2 - 4ac}{a^2}$$
$$= \dfrac{2a^2 + (2a + 3)^2}{a^2} = 9\left(\dfrac{1}{a}\right)^2 + \dfrac{12}{a} + 6$$
$$= 9\left(\dfrac{1}{a} + \dfrac{2}{3}\right)^2 + 2.$$

因为 $\dfrac{1}{a} > 0$, 所以 $|x_2 - x_1| > 6$.

3.4 观察不等式

数学研究问题关心的是数量关系和空间形式,用的是抽象的眼光将现实世界用定量的办法进行研究,产生很多不相等的数量关系、不稳定的空间结构,这些都是不等式产生的基础.为了解决这些不等式,首先考虑的是相等的情况,然后考虑是否能够转化为函数问题,最后再从不等式的基本处理手法考虑解决.

3.4.1 不等式

1. 不等式的定义

文字表达:左右两边是代数式且用不等号连接的式子.

符号表达:一元不等式 $f(x)>0$;二元不等式 $f(x,y)>0$.

图像表达:一元不等式可以在平面直角坐标系上作图表达;二元不等式可以固定一元后在平面直角坐标系上作图表达.

2. 不等式的分类

(1) 根据结构分类

整式不等式:两边代数式都是整式的不等式(即未知数不在分母上),$f(x)>g(x)$.

分式不等式:代数式为分式的不等式,$\dfrac{f(x)}{g(x)}>0$.

无理不等式:两边代数式至少有一个为无理式的不等式.

(2) 根据成立的情况分类

恒成立不等式:$\forall x \in$ 某个范围,不等式 $f(x)>0$ 均成立.

恒不成立不等式:$\forall x \in$ 某个范围,不等式 $f(x)>0$ 均不成立.

存在成立不等式:$\exists x \in$ 某个范围,不等式 $f(x)>0$ 均成立.

本章节研究的不等式与方程 $f(x)=0$ 和函数 $y=f(x)$ 密切相关.

3. 不等式的等价变形

等价变形:

① 不等式两边同时增加一项;

② 不等式两边同时乘上一个正的项;

③ 若 $f(x)$ 单调递增,则 $f(x_1)<f(x_2)$ 与 $x_1<x_2$ 等价.

符号表达:

$$f(x)>g(x) \Leftrightarrow f(x)-g(x)>0$$

$$\Leftrightarrow \begin{cases} \dfrac{f(x)}{g(x)}>1, \\ g(x)>0 \end{cases}$$

$$\Leftrightarrow \begin{cases} h(x)>0, \\ f(x)h(x)>g(x)h(x) \end{cases}$$

$$\Leftrightarrow \begin{cases} h(x)>0, \\ \dfrac{f(x)}{h(x)}>\dfrac{g(x)}{h(x)} \end{cases}$$

(将不等式左右两端代数式从无理式变成有理式,分式变成整式).

3.4.2 观察不等式

1. 观察不等式是否有母不等式

例 3.66 若存在实数 x 使 $|x-a|+|x-1|\leqslant 3$ 成立,则实数 a 的取值范围是 _____.

分析 观察此不等式,含两个绝对值,与之相似的母不等式为
$$|x-a|+|x-b|\geqslant |a-b|,$$
所以
$$(|x-a|+|x-1|)_{\min}=|a-1|,$$
则 $|a-1|\leqslant 3$,解得 $-2\leqslant a\leqslant 4$.

点评 观察不等式,寻找与之相似的结构不等式,即兄弟不等式.

2. 观察不等式的子不等式

例 3.67 (1) 设 $x\geqslant 1, y\geqslant 1$,证明:$x+y+\dfrac{1}{xy}\leqslant \dfrac{1}{x}+\dfrac{1}{y}+xy$;

(2) 设 $1<a\leqslant b\leqslant c$,证明:$\log_a b+\log_b c+\log_c a\leqslant \log_b a+\log_c b+\log_a c$.

分析 本题考查不等式的基本性质、对数函数的性质和对数换底公式等基本知识,考查代数式的恒等变形能力和推理论证能力.

(1) 由于 $x\geqslant 1, y\geqslant 1$,所以
$$x+y+\dfrac{1}{xy}\leqslant \dfrac{1}{x}+\dfrac{1}{y}+xy \Leftrightarrow xy(x+y)+1\leqslant y+x+(xy)^2,$$
将上式中的右式减左式,得
$$\begin{aligned}(y+x+(xy)^2)-(xy(x+y)+1) &= ((xy)^2-1)-(xy(x+y)-(x+y)) \\ &= (xy+1)(xy-1)-(x+y)(xy-1) \\ &= (xy-1)(xy-x-y+1) \\ &= (xy-1)(x-1)(y-1).\end{aligned}$$
因为 $x\geqslant 1, y\geqslant 1$,所以 $(xy-1)(x-1)(y-1)\geqslant 0$,从而所要证明的不等式成立.

(2) 设 $\log_a b=x, \log_b c=y$,由对数的换底公式得
$$\log_c a=\dfrac{1}{xy},\quad \log_b a=\dfrac{1}{x},\quad \log_c b=\dfrac{1}{y},\quad \log_a c=xy.$$
于是,所要证明的不等式即为
$$x+y+\dfrac{1}{xy}\leqslant \dfrac{1}{x}+\dfrac{1}{y}+xy,$$

其中 $x=\log_a b\geqslant 1, y=\log_b c\geqslant 1$.

故由(1)立知所要证明的不等式成立.

点评 在不等式的证明中,涉及几个小题的时候,要注意前后题目间是否具有相同的形式,如果有,就要考虑它们的不等式是否具有母子关系.

在第(1)问的证明中,条件 $x\geqslant 1, y\geqslant 1$ 如何使用,用来判断符号的话,变形中就要注意形成 $x-1$ 和 $y-1$ 的因式.

3. 观察不等式的结构

不等式结构分析如下:

(1) 四则分解(加法与乘法)

例 3.68 设 a,b,c 为正实数,求证:$\dfrac{1}{a^3}+\dfrac{1}{b^3}+\dfrac{1}{c^3}+abc\geqslant 2\sqrt{3}$.

分析 左边代数式是和的形态,有三项为 -3 次,有一项为 3 次,右端为 0 次,考虑进行加法分解.

因为 a,b,c 为正实数,由平均不等式可得

$$\dfrac{1}{a^3}+\dfrac{1}{b^3}+\dfrac{1}{c^3}\geqslant 3\sqrt[3]{\dfrac{1}{a^3}\dfrac{1}{b^3}\dfrac{1}{c^3}}=\dfrac{3}{abc},$$

所以

$$\dfrac{1}{a^3}+\dfrac{1}{b^3}+\dfrac{1}{c^3}+abc\geqslant \dfrac{3}{abc}+abc,$$

$$\dfrac{3}{abc}+abc\geqslant 2\sqrt{3},$$

故

$$\dfrac{1}{a^3}+\dfrac{1}{b^3}+\dfrac{1}{c^3}+abc\geqslant 2\sqrt{3}.$$

点评 $A>B\to$ 加法分解 $\begin{cases}A=A_1+A_2,\\ B=B_1+B_2,\\ A_1>B_1,\\ A_2>B_2.\end{cases}$

例 3.69 如果 a,b,c 为正数,则 $(a^2+b^2)(b^2+c^2)(a^2+c^2)\geqslant 8a^2b^2c^2$.

分析 观察到代数式左右均是乘积形态,左端是三个齐二次代数式的乘积,右端是 6 次乘积,考虑进行乘法分解.

因为

$$a^2+b^2\geqslant 2ab,\quad c^2+b^2\geqslant 2cb,\quad a^2+c^2\geqslant 2ac,$$

所以

$$(a^2+b^2)(b^2+c^2)(a^2+c^2) \geqslant 8a^2b^2c^2.$$

点评 $A > B \to$ 乘法分解 $\begin{cases} A = A_1 A_2, \\ B = B_1 B_2, \\ A_1 > B_1 > 0, \\ A_2 > B_2 > 0. \end{cases}$

(2) n 项和式分解

$$a_1 - a_n = a_1 - a_2 + a_2 - a_3 + \cdots + a_{n-1} - a_n.$$

例 3.70 当 $n \in \mathbf{N}^*$ 时,求证:$1 + \dfrac{1}{\sqrt{2}} + \dfrac{1}{\sqrt{3}} + \cdots + \dfrac{1}{\sqrt{n}} > 2(\sqrt{n+1} - 1)$.

分析 左边代数式为 n 项和式,无法转化为规则的数列求和模式,考虑对右边代数式进行 n 项和式分解.

令 $S_n = 2(\sqrt{n+1} - 1)$,且 $S_n = c_1 + c_2 + c_3 + \cdots + c_n$,则 $n \geqslant 2$, $a_n = S_n - S_{n-1} = 2(\sqrt{n+1} - \sqrt{n})$.

要证

$$1 + \dfrac{1}{\sqrt{2}} + \dfrac{1}{\sqrt{3}} + \cdots + \dfrac{1}{\sqrt{n}} > 2(\sqrt{n+1} - 1),$$

只需证

$$\dfrac{1}{\sqrt{n}} > 2(\sqrt{n+1} - \sqrt{n}) \quad (n \geqslant 2),$$

即证

$$\dfrac{1}{\sqrt{n}} > \dfrac{2}{\sqrt{n+1} + \sqrt{n}},$$

亦证

$$\sqrt{n+1} + \sqrt{n} > 2\sqrt{n},$$

即 $\sqrt{n+1} > \sqrt{n}$,显然成立.

所以结论成立.

点评 要证 $a_1 + a_2 + a_3 + \cdots + a_n > f(n)$,只需证 $a_n > f(n) - f(n-1)$.

例 3.71 $\dfrac{1}{2} \cdot \dfrac{3}{4} \cdot \dfrac{5}{6} \cdot \cdots \cdot \dfrac{2n-1}{2n} < \dfrac{1}{\sqrt{2n+1}}$.

分析 左边代数式为 n 项积式,无法转化为规则的数列求积模式,考虑对右边代数式进行 n 项积式分解.

令 $T_n = \dfrac{1}{\sqrt{2n+1}}$,且 $T_n = c_1 c_2 c_3 \cdots c_n$,则 $n \geqslant 2$, $c_n = \dfrac{T_n}{T_{n-1}} = \dfrac{\sqrt{2n-1}}{\sqrt{2n+1}}$.

要证

$$\frac{1}{2}\cdot\frac{3}{4}\cdot\frac{5}{6}\cdot\cdots\cdot\frac{2n-1}{2n}<\frac{1}{\sqrt{2n+1}},$$

只需证

$$\frac{2n-1}{2n}<c_n=\frac{\sqrt{2n-1}}{\sqrt{2n+1}},$$

即证

$$\left(\frac{2n-1}{2n}\right)^2<\frac{2n-1}{2n+1},$$

亦证

$$(2n-1)(2n+1)<4n^2,$$

即 $4n^2-1<4n^2$,显然成立.

所以结论成立.

点评 n 项积式分解: $\dfrac{a_1}{a_n}=\dfrac{a_1}{a_2}\dfrac{a_2}{a_3}\dfrac{a_3}{a_4}\cdots\dfrac{a_{n-1}}{a_n}$. 要证 $a_1 a_2 a_3\cdots a_n>f(n)$,只需证

$$a_n>\frac{f(n)}{f(n-1)}.$$

(3) 内外分解

按照一定的规则,把一个数或式分解成几个数或式,使复杂的问题转化为简单的易解决的问题,以便于分而治之,各个击破,从而达到证明不等式的目的.

例 3.72 证明: 若 $a>0$,则 $\sqrt{a^2+\dfrac{1}{a^2}}-\sqrt{2}\geqslant a+\dfrac{1}{a}-2$.

分析 设 $x=a+\dfrac{1}{a}$, $y=\sqrt{a^2+\dfrac{1}{a^2}}$ ($a>0$, $x\geqslant 2$, $y\geqslant\sqrt{2}$),则

$$x^2-y^2=\left(a+\frac{1}{a}\right)^2-\left(\sqrt{a^2+\frac{1}{a^2}}\right)^2=2,$$

$$x+y=a+\frac{1}{a}+\sqrt{a^2+\frac{1}{a^2}}\geqslant 2+\sqrt{2}\quad\text{(当 }a=1\text{ 时取"="),}$$

所以

$$x-y=\frac{x^2-y^2}{x+y}\leqslant\frac{2}{2+\sqrt{2}}=2-\sqrt{2},$$

即 $y-\sqrt{2}\geqslant x-2$. 故原式成立.

4. 观察代数式是否有对称性

(1) 对称式的定义

在一个代数式中,如果把它所含的两个字母互换,式子不改变,那么这个代数式就

叫作关于这两个字母的对称式,如 $a+b, a^2-ab+b^2, a^3+3a^2b+3ab^2+b^3$ 等都是关于 a, b 的对称式.

一般地,在一个代数式中,无论把其中哪两个字母互换,式子都不变,那么这个代数式就叫作关于这些字母的对称式,如 $a+b+c, a^2+b^2+c^2-ab-bc-ac, a^3+b^3+c^3-3abc$ 等都是关于 a, b, c 的对称式.

代数式具有对称性,最值在相等时和差异性最大时这两个位置产生.

(2) 对称性的应用

例 3.73 设函数 $f(x)=ax^2+b$,求所有的正实数对 (a,b),使得对任意实数 x,y 有 $f(xy)+f(x+y) \geqslant f(x) \cdot f(y)$.

分析 条件不等式为二元四次且 x 与 y 对称,考虑换元,$xy=p, x+y=q$.

先将条件表达出来:

$$左边: f(xy)+f(x+y)=a(xy)^2+b+a(x+y)^2+b,$$
$$右边: f(x) \cdot f(y)=(ax^2+b)(ay^2+b).$$

令 $xy=p, x+y=q$,条件转化为

$$ap^2+b+aq^2+b \geqslant a^2p^2+ab(q^2-2p)+b^2.$$

此代数式可看作以 p, q 为主元的二元二次型,化成标准形式为

$$(a-a^2)\left(p+\frac{ab}{a-a^2}\right)^2+(a-ab)q^2 \geqslant b^2-2b+\frac{a^2b^2}{a-a^2}.$$

此不等式对任意 p, q 恒成立,则必须有 $\begin{cases} a-a^2>0, \\ a-ab>0, \\ b^2-2b+\dfrac{a^2b^2}{a-a^2} \leqslant 0, \end{cases}$ 即 $\begin{cases} 0<a<1, \\ 0<b<1, \\ b+2a \leqslant 2, \end{cases}$ 故 (a,b) 满足 $\begin{cases} 0<a<1, \\ 0<b<1, \\ b+2a \leqslant 2. \end{cases}$

点评 碰到二元二次代数式,观察是否具有对称性,若有,可考虑对称性换元.

"在数学题的题设条件里地位相同的未知量,可以想象它们在解答中的地位也相同."

——波利亚

数据和条件里的对称性不仅仅被求解对象所反映,而且为求解过程所反映,这种对称性原理在很多时候能使我们预测到解或发现解题途径.

5. 观察不等式是否有齐次性

齐次多项式的定义:设一个关于 x, y 的 m 次方的函数 $f(x, y)$,如果存在任意一个

非零的数 k,使得 $f(kx,ky)=k^m f(x,y)$,则这个函数称为关于 x,y 的 m 次齐次式.若上述函数 $f(x,y)=0$,则这样的方程称为关于 x,y 的 m 次"齐次方程".

应用 1 代数式 $f(x,y)$ 为关于 x,y 的 m 次方的齐次式,则
$$f(x,y)=0 \Leftrightarrow f\left(1,\frac{y}{x}\right)=0.$$

应用 2 若代数式 $f(x,y)$ 和 $g(x,y)$ 为关于 x,y 的 m 次方的齐次式,则齐次分式
$$\frac{f(x,y)}{g(x,y)}=\frac{f\left(1,\frac{y}{x}\right)}{g\left(1,\frac{y}{x}\right)}.$$

应用 3 齐次多项式=齐次因式 1×齐次因式 2.

例 3.74 在 $\triangle ABC$ 中,内角 A,B,C 的对边分别为 a,b,c,若 $a\sin B\cos C + c\sin B\cos A = \frac{1}{2}b$,且 $a>b$,求 B 的大小.

分析 观察条件 $a\sin B\cos C + c\sin B\cos A = \frac{1}{2}b$,左右两端都是边的齐一次式.

由正弦定理 $\dfrac{a}{\sin A}=\dfrac{b}{\sin B}=\dfrac{c}{\sin C}=2R$(为比值),得
$$2R\cdot\sin A\sin B\cos C + 2R\cdot\sin C\sin B\cos A = \frac{1}{2}\cdot 2R\cdot\sin B,$$
即
$$\sin A\sin B\cos C + \sin C\sin B\cos A = \frac{1}{2}\sin B,$$
也即
$$\sin B\sin(A+C) = \frac{1}{2}\sin B.$$

因为 $\sin B\neq 0$,所以 $\sin(A+C)=\dfrac{1}{2}$.又 $\sin B=\sin[\pi-(A+C)]=\sin(A+C)$,于是 $\sin B=\dfrac{1}{2}$,即 $B=\dfrac{\pi}{6}$ 或 $\dfrac{5}{6}\pi$.又 $a>b$,故 $B=\dfrac{\pi}{6}$.

点评 碰到齐次分式,可利用变形 $\dfrac{f(x,y)}{g(x,y)}=\dfrac{f\left(1,\frac{y}{x}\right)}{g\left(1,\frac{y}{x}\right)}$ 达到消元的目的.

6. 观察不等式,研究它对应的函数

例 3.75 (2012 年高考(广东理))(不等式)不等式 $|x+2|-|x|\leqslant 1$ 的解集为 _____.

分析 观察不等式,左端部分对应函数为 $f(x)=|x+2|-|x|$,作出相应图像,如图3.25所示,它为折线图,取点 $x=-2,x=0$.

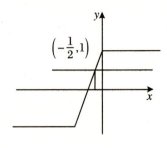

图 3.25

再作 $y=1$ 的图像.两图像的交点为 $\left(-\dfrac{1}{2},1\right)$,则 $|x+2|-|x|\leqslant 1$ 的解集为 $\left\{x\left|x\leqslant -\dfrac{1}{2}\right.\right\}$.

点评 不等式的解集、成立情况,可以对应函数角度加以研究.

只含绝对值且绝对值内为一次型的函数,其图像为折线,折点在每个绝对值零点产生,一条线段与射线由两点确定.

不等式函数分析如下:

(1) 从对应一元函数角度分析

$f(x)>0$ 对应函数 $y=f(x)$ 的图像,转化为函数的最值.

例 3.76 已知 $x>0$,求证:$x+\dfrac{1}{x}+\dfrac{1}{x+\dfrac{1}{x}}\geqslant \dfrac{5}{2}$.

证明 (构造函数法)构造函数 $f(u)=u+\dfrac{1}{u}$,$u=x+\dfrac{1}{x}\geqslant 2$,设 $2\leqslant \alpha <\beta$.

由

$$f(\alpha)-f(\beta)=\alpha+\dfrac{1}{\alpha}-\left(\beta+\dfrac{1}{\beta}\right)=(\alpha-\beta)+\left(\dfrac{1}{\alpha}-\dfrac{1}{\beta}\right)$$

$$=\dfrac{(\alpha-\beta)(\alpha\beta-1)}{\alpha\beta},$$

显然因为 $2\leqslant \alpha <\beta$,所以 $\alpha-\beta<0,\alpha\beta-1>0,\alpha\beta>0$,于是上式小于 0.

故 $f(x)$ 在 $[2,+\infty)$ 上单调递增,于是左边 $\geqslant f(2)=\dfrac{5}{2}$.

(2) 转化为一元函数的单调性研究

例 3.77 已知 $|a|<1,|b|<1,|c|<1$,求证:$abc+2>a+b+c$.

分析 观察条件与结论,有三个变量 a,b,c,选 a 为主元,令

$$f(a)=abc+2-(a+b+c)=(bc-1)a+2-b-c.$$

因为$|b|<1$,$|c|<1$,所以$|bc|<1$,故$f(a)$是关于a的一次函数.

由于$|a|<1$,要证$f(a)>0$,只需证$\begin{cases}f(1)>0,\\f(-1)>0,\end{cases}$即

$$\begin{cases}(bc-1)+2-b-c>0,\\-(bc-1)+2-b-c>0,\end{cases}$$

亦即要证
$$(bc-1)+2-b-c>0.$$

选b为主元,令
$$g(b)=(bc-1)+2-b-c=(c-1)b+1-c.$$
因为$|c|<1$,所以$c-1<0$,故$g(b)$为关于b的一次函数,且单调递减.

要证$g(b)>0$,只需证$g(1)\geqslant 0$,显然成立.

同理可得$-(bc-1)+2-b-c>0$.

故$f(a)>0$,得证.

点评 选次数为一次的当主元,分析此一元函数,最值在左右端点处取到.

(3) 将左右相似不等式转化为函数单调性问题

例 3.78 求证:$(\pi^e+e^\pi)^\pi>(\pi^\pi+e^\pi)^e$.

分析 设$f(x)=\dfrac{\ln(\pi^x+e^x)}{x}(x>0)$,则

$$\begin{aligned}f'(x)&=\dfrac{x\dfrac{\pi^x\ln\pi+e^x}{\pi^x+e^x}-\ln(\pi^x+e^x)}{x^2}\\&=\dfrac{x(\pi^x\ln\pi+e^x)-(\pi^x+e^x)\ln(\pi^x+e^x)}{x^2(\pi^x+e^x)}\\&=\dfrac{\pi^x\ln\dfrac{\pi^x}{\pi^x+e^x}+e^x\ln\dfrac{e^x}{\pi^x+e^x}}{x^2(\pi^x+e^x)}\\&<\dfrac{\pi^x\ln\dfrac{\pi^x+e^x}{\pi^x+e^x}+e^x\ln\dfrac{\pi^x+e^x}{\pi^x+e^x}}{x^2(\pi^x+e^x)}=0,\end{aligned}$$

所以函数$f(x)=\dfrac{\ln(\pi^x+e^x)}{x}$在其定义域$(0,+\infty)$内单调递减,于是$f(\pi)<f(e)$,即$\dfrac{\ln(\pi^\pi+e^\pi)}{\pi}<\dfrac{\ln(\pi^e+e^e)}{e}$.根据对数的运算性质得$(\pi^e+e^e)^\pi>(\pi^\pi+e^\pi)^e$.

点评 观察到两个相似的常数代数式,将左右两边的量一边化为变量,构造出函数,研究其单调性.

(4) 多元不等式的函数分析

辨证看待符号变量与常量,如二元不等式$f(x,y)>0$的一般处理方法如下:

① 作对应函数 $z=f(x,y)$ 的图像;

② 变形为两个一元函数,即 $F(x)>G(y)$;

③ 变形为一个函数 $F(x)>F(y)$,进而研究 $y=F(x)$ 的单调性;

④ 使用主元分析法.

例 3.79 已知 $a+b+c=a^2+b^2+c^2=2$,求证: $a,b,c\in\left[0,\dfrac{4}{3}\right]$.

分析 观察条件和结论中,a,b,c 对称,要证 $a,b,c\in\left[0,\dfrac{4}{3}\right]$,只要证其中一个即可.

方法一 对应方程组为 $\begin{cases}a^2+b^2+c^2-2=0,\\ a+b+c-2=0,\end{cases}$ 是三元二次方程组. 固定 a,选 b,c 为主元,方程组变形为 $\begin{cases}b^2+c^2=2-a^2,\\ b+c=2-a,\end{cases}$ 观察到方程组中一个是圆的方程,一个是直线方程,方程组有解,即直线与圆方程相交或相切,得到

$$\dfrac{|2-a|}{\sqrt{1^2+1^2}}\leqslant\sqrt{2-a^2},$$

即 $a^2-4a+4\leqslant 4-2a^2$,解得 $a\in\left[0,\dfrac{4}{3}\right]$,得证.

点评 固定一元,动两元.

方法二 对应方程组为 $\begin{cases}a^2+b^2+c^2-2=0,\\ a+b+c-2=0,\end{cases}$ 是三元二次方程组. 固定 b,c,选 a 为主元,先利用一次等式消元,$b=2-a-c$,代入二次式,得到

$$a^2+(2-a-c)^2+c^2-2=0,$$

是关于 a 的一元二次方程,整理得

$$a^2+(c-2)a+c^2-2c+1=0,$$

a 有解,所以 $\Delta=-3c^2+4c\geqslant 0$,解得 $c\in\left[0,\dfrac{4}{3}\right]$,得证.

点评 固定两元,动一元.

例 3.80 求证:对任意的实数 $x,y\in\mathbf{R}$,不等式 $x^2+xy+y^2\geqslant 3(x+y-1)$ 恒成立.

分析 对应代数式 $x^2+xy+y^2-3x-3y+3$ 为二元二次. 固定 y,选 x 为主元,代数式变形为 $x^2+(y-3)x+y^2-3y+3$,对应的

$$\Delta=(y-3)^2-4(y^2-3y+3)=-3y^2+6y-3=-3(y-1)^2,$$

因为 $\Delta\leqslant 0$,所以 $x^2+xy+y^2\geqslant 3(x+y-1)$ 恒成立.

点评 多元问题里,一般选一个作为主元,固定其余,从一元函数角度思考问题.

(5) 观察函数切线的几何意义

例 3.81 若 $x\geqslant 0$,不等式 $x(\mathrm{e}^x-1)\geqslant ax^2$ 恒成立,则 a 的取值范围是_____.

分析 当 $x=0$ 时,显然成立.

当 $x>0$ 时,转化为 $e^x-1\geqslant ax$. 不等式右边部分代表直线,作出左边部分对应函数图像,再作出 $y=ax$,如图 3.26 所示. 条件转化为左边部分函数图像,不在直线 $y=ax$ 下方,其极端位置 $y=ax$ 为 $f(x)=e^x-1$ 的切线 $f'(x)=e^x, f'(0)=1$.

故当 $a\leqslant 1$ 时满足题意.

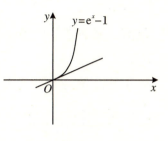

图 3.26

点评 不等式左右两侧,若一侧为一次函数,另一侧对应曲线的切线为一特殊位置,值得优先研究.

例 3.82 已知 $a,b,c>0, \dfrac{1}{a}+\dfrac{1}{b}+\dfrac{1}{c}=3$,求证:$\dfrac{1}{\sqrt{a^3+1}}+\dfrac{1}{\sqrt{b^3+1}}+\dfrac{1}{\sqrt{c^3+1}}\leqslant\dfrac{3}{\sqrt{2}}$.

证明 条件式及待证式都是关于 a,b,c 的对称结构,推断当 $a=b=c=1$ 时不等式等号成立.

由于 $\dfrac{1}{a}+\dfrac{1}{b}+\dfrac{1}{c}=3$,因此 $a,b,c>\dfrac{1}{3}$. 引进辅助不等式

$$\dfrac{1}{\sqrt{x^3+1}}\leqslant\dfrac{1}{\sqrt{2}}+\lambda\left(\dfrac{1}{x}-1\right) \quad \left(x>\dfrac{1}{3},\lambda\text{ 为待定系数}\right).$$

设

$$h(x)=\dfrac{1}{\sqrt{x^3+1}}-\dfrac{1}{\sqrt{2}}-\lambda\left(\dfrac{1}{x}-1\right),$$

且 $h(x)$ 在 $x=1$ 时取得最大值 0,则

$$h'(x)=\dfrac{-3x^2}{2(x^3+1)^{\frac{3}{2}}}+\dfrac{\lambda}{x^2}.$$

由 $h'(1)=0$,解得 $\lambda=\dfrac{3}{4\sqrt{2}}$.

先证明辅助不等式

$$\dfrac{1}{\sqrt{x^3+1}}\leqslant\dfrac{1}{\sqrt{2}}+\dfrac{3}{4\sqrt{2}}\cdot\left(\dfrac{1}{x}-1\right) \quad \left(x>\dfrac{1}{3}\right)$$

$$\Leftrightarrow \dfrac{1}{\sqrt{x^3+1}}\leqslant\dfrac{3}{4\sqrt{2}}\cdot\dfrac{1}{x}+\dfrac{1}{4\sqrt{2}}$$

$$\Leftrightarrow (x^3+1)(x+3)^2\geqslant 32x^2$$

$$\Leftrightarrow (x-1)^2(x^3+8x^2+24x+9)\geqslant 0.$$

最后一式显然成立,则辅助不等式成立,从而

$$\dfrac{1}{\sqrt{a^3+1}}+\dfrac{1}{\sqrt{b^3+1}}+\dfrac{1}{\sqrt{c^3+1}}\leqslant\dfrac{3}{4\sqrt{2}}\left(\dfrac{1}{a}+\dfrac{1}{b}+\dfrac{1}{c}\right)+\dfrac{3}{4\sqrt{2}}-\dfrac{3}{\sqrt{2}}.$$

不等式得证.

点评 根据不等式等号成立的条件,确定函数 $f(x)$ 图像上的切点,便于引进辅助函数 $h(x)$.

(6) 转化为函数的图形

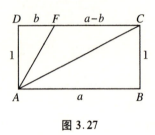

图 3.27

例 3.83 记 $f(x)=\sqrt{1+x^2}, a>b>0$,证明:
$$|f(a)-f(b)|<|a-b|.$$

分析 (构造图形法)观察函数有几何意义,可以利用勾股定理构建斜边长来表达.构造矩形 $ABCD$,如图 3.27 所示,F 在 CD 上,使 $|AB|=a, |DF|=b, |AD|=1$,则 $|AC|-|AF|<|CF|$.

点评 两项差小于第三项,可考虑类比到三角形中的三边不等式 $a-b<c$.

例 3.84 若 $x,y,z>0$,证明:$\sqrt{x^2+y^2+xy}+\sqrt{y^2+z^2+yz}>\sqrt{z^2+x^2+zx}$.

分析 (构造图形法)观察结论根号内部为二元二次齐次式,可变形为已知两边和夹角求第三边的余弦定理公式.作 $\angle AOB=\angle BOC=\angle COA=120°$,如图 3.28 所示.

设 $|OA|=x, |OB|=y, |OC|=z$,则由余弦定理,有
$$|AB|=\sqrt{x^2+y^2+xy},$$
$$|BC|=\sqrt{y^2+z^2+yz},$$
$$|CA|=\sqrt{z^2+x^2+zx}.$$

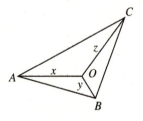

图 3.28

因为 $|AB|+|BC|>|CA|$,所以
$$\sqrt{x^2+y^2+xy}+\sqrt{y^2+z^2+yz}>\sqrt{z^2+x^2+zx}.$$

点评 两项和大于第三项,可考虑类比到三角形中的三边不等式 $a+b>c$.

(7) 观察不等式是否可以变形

例 3.85 若 $n\in \mathbf{N}$ 且 $n\geq 2$,求证:$1+\dfrac{1}{2}+\dfrac{1}{3}+\cdots+\dfrac{1}{n}>n(\sqrt[n]{n+1}-1)$.

分析 观察结论,不等式右端为两项的差,考虑移项变形为
$$\left(1+\dfrac{1}{2}+\dfrac{1}{3}+\cdots+\dfrac{1}{n}\right)+n>n\sqrt[n]{n+1}.$$

将项 n 平均分配给前面 n 项得
$$(1+1)+\left(\dfrac{1}{2}+1\right)+\left(\dfrac{1}{3}+1\right)+\cdots+\left(\dfrac{1}{n}+1\right)>n\sqrt[n]{n+1},$$

变形为
$$2+\dfrac{3}{2}+\dfrac{4}{3}+\cdots+\dfrac{n+1}{n}>n\sqrt[n]{n+1},$$

左边为和,右边为积,考虑基本不等式中的算术平均数和几何平均数 $\dfrac{a_1+a_2+\cdots+a_n}{n} \geqslant \sqrt[n]{a_1 a_2 \cdots a_n}$,演绎得到

$$\dfrac{2+\dfrac{3}{2}+\dfrac{4}{3}+\cdots+\dfrac{n+1}{n}}{n} > \sqrt[n]{2 \cdot \dfrac{3}{2} \cdot \dfrac{4}{3} \cdot \cdots \cdot \dfrac{n+1}{n}} = \sqrt[n]{n+1},$$

等价于

$$2+\dfrac{3}{2}+\dfrac{4}{3}+\cdots+\dfrac{n+1}{n} > n\sqrt[n]{n+1}.$$

得证.

点评 不等式的变形方式有很多种,一般方向是变形能让式子更加简洁,增加代数式的对称性、齐次性和相似性.

第4章 实　　验

　　数学实验就是人们根据数学研究的需要,人为地、有目的地、模拟地创设一些有利于观察的数学对象,并对其实行观察和研究的一种方式.

　　什么是数学实验?美国著名数学家和数学教育家波利亚曾指出:"学习任何东西,最好的途径是自己去发现."数学学习也是如此.数学实验就是为了探究某种数学理论、验证某种数学猜想而进行的操作或思维过程,在特定的环境下,实验者运用某些物质手段进行一些数学探究活动,这就是数学实验.

　　波利亚曾说,数学上的实验往往是思想上的实验,即思想上的假设.数学上的实验即我们对某一数学概念、公式、定理每使用一次,就是对其进行一次实验.

　　数学实验的思维导图如图 4.1 所示.

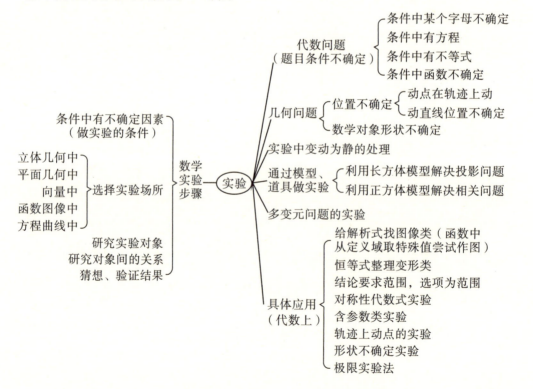

图 4.1

4.1 数学实验模式演示

例 4.1 已知可导函数 $f(x)(x\in \mathbf{R})$ 满足 $f(x)-f'(x)<0$,则 $ef(0)$ 与 $f(1)$ 的大小关系为( ).

A. $ef(0)>f(1)$
B. $ef(0)=f(1)$
C. $ef(0)<f(1)$
D. $ef(0)\geqslant f(1)$

分析 在审题过程中碰到条件中有不确定的因素,考虑是否符合做实验的条件,如本题中符合条件 $f(x)-f'(x)<0$ 的可导函数很多,就可考虑实验.

做实验的第一步,选择实验场所,就是构建符合全部条件的模型(不确定条件,人为选一种简单情况),把题意表达出来,如本题中根据指定的 $f(x)$,求出 $ef(0)$ 与 $f(1)$,然后比较大小.

做实验的第二步,研究实验对象,就是条件中不确定的那部分,如本题中的可导函数 $f(x)$,可令 $f(x)=e^{2x}$.

做实验的第三步,当实验对象有多个时,必须搞清楚它们之间的关系,如本题中 $f(x)$ 与 $f'(x)$ 必须满足 $f(x)<f'(x)$.

做实验的第四步,根据前面的准备,验证结果,一次实验往往不可靠,多次多角度实验,如本题中,符合条件的实验函数可以从 $y=c$ 为常数,$y=x$,$y=x^2$,$y=x^3$,$y=\sin x$,$y=a^x$,$y=\log_a x$ 及它们的组合中寻找.

令 $f(x)=-1$,也符合条件,$ef(0)=-e$,$f(1)=-1$,所以 $ef(0)<f(1)$.

令 $f(x)=e^{2x}$,则 $ef(0)=e$,$f(1)=e^2$,所以 $ef(0)<f(1)$.

故选 C.

点评 当无法通过观察得到研究对象的性质的时候,对某个对象进行实验,往往可以帮助我们解决问题.

4.2 数学实验应用举例

4.2.1 对关键的数学对象做实验

1. 关键的数取值任意,考虑做实验

例 4.2 (北京理 8)设 $A(0,0)$,$B(4,0)$,$C(t+4,4)$,$D(t,4)(t\in \mathbf{R})$.记 $N(t)$ 为平行四边形 $ABCD$ 内部(不含边界)的整点的个数,其中整点是指横、纵坐标都是整数的点,则函数 $N(t)$ 的值域为( ).

A. $\{9,10,11\}$ B. $\{9,10,12\}$ C. $\{9,11,12\}$ D. $\{10,11,12\}$

分析 条件中 $t\in \mathbf{R}$,不确定,对 t 做实验,实验场地在平面直角坐标系上,如图 4.2 所示.令 $t=0$,则 $C(4,4)$,$D(0,4)$,如图 4.2(a)所示,整点有 9 个.

令 $t=1$,则 $C(5,4)$,$D(1,4)$,如图 4.2(b)所示,整点有 12 个.

再移动直线 AD,穿过点 $(1,3)$,此时 BC 穿过点 $(5,3)$,此位置中整点有 11 个.

故选 C.

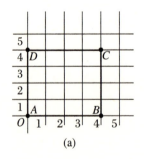 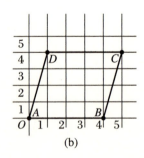

(a)   (b)

图 4.2

点评 对实验对象有代表性地进行多次实验,通过动态的实验完整地解决问题.

例 4.3 已知函数 $f(x)=\begin{cases}(x-1)^3 & (x\geqslant 1),\\(1-x)^3 & (x<1),\end{cases}$ 若关于 x 的不等式 $f(x)<f(ax+1)$ 的解集中有且仅有两个整数,则实数 a 的取值范围为_____.

分析 作出 $f(x)$ 的图像,如图 4.3 所示.观察得 $f(x)$ 关于 $x=1$ 对称,所以不等式 $f(x)<f(ax+1)$ 等价于 $|x-1|<|ax+1-1|=|ax|$.问题转化为 $|x-1|<|a||x|$ 解集中有且仅有两个整数,条件中两个整数不确定,考虑实验,含绝对值代数式,其零点为首先实验

对象.

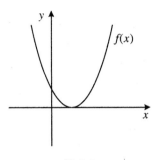

图 4.3

令 $x=0$,$1<0$ 不成立.

令 $x=1$,$0<|a|$,由于 $a\neq 0$ 成立,解集中两个整数连续,另一个整数为 2.

令 $x=2$,$1<|a|\cdot 2$,即 $a>\dfrac{1}{2}$ 或 $a<-\dfrac{1}{2}$,也成立.

考虑有且仅有两个,所以 $x=3$,$2\geqslant 3|a|$,即 $-\dfrac{2}{3}\leqslant a\leqslant \dfrac{2}{3}$.

综上所述,$a\in\left[-\dfrac{2}{3},-\dfrac{1}{2}\right)\cup\left(\dfrac{1}{2},\dfrac{2}{3}\right]$.

点评 解 $f(x_1)<f(x_2)$ 不等式借助了 $y=f(x)$ 的单调性.处理 $|x-1|<|a||x|$ 也可数形结合分别作出 $y=|x-1|$ 与 $y=|a||x|$ 的图像,如图 4.4 所示,考虑其几何意义.

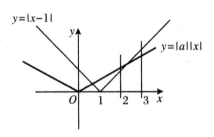

图 4.4

例 4.4 已知 $|2x^2+ax+b|\leqslant c(a,b\in\mathbf{R},c>0)$ 在 $[1,3]$ 上恒成立,则 c 的最小值为_____.

分析 条件 $a,b\in\mathbf{R}$,a,b 值不确定,考虑实验.

记 $f(x)=2x^2+ax+b$.令 $a=0$,$b=0$,则 $2x^2+ax+b=2x^2$.故 $c_{\min}=|2x^2+ax+b|_{\max}=f(3)$.再研究参数 a 的几何意义是左右平移,如图 4.5 所示,为使 $f(3)$ 最小,让对称轴向右移,此过程中 $f(3)$ 递减,$f(1)$ 递增,当 $f(1)=f(3)$ 时,即对称轴为 $x=2$,停止左右平移.再研究参数 b 的几何意义是上下平移,为使 $f(3)$ 进一步变小,图像向下移,并作上翻下擦,此时 $|f(2)|$ 值变大,当 $f(3)=f(1)=|f(2)|$ 时,停止下移,此时 $a=-8$,$b=7$,$f(x)=2(x-2)^2-1$,$|f(x)|_{\max}=1$,故 $c_{\min}=1$.

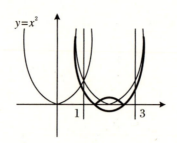

图 4.5

点评 条件中含参数类问题,可根据参数取值范围做实验,并研究参数具有的几何意义,变化出问题的各种情况,推出符合条件的结论.

例 4.5 已知 $t>-1$,当 $x\in[-t,t+2]$ 时,函数 $y=(x-4)|x|$ 的最小值为 -4,则 t 的取值范围为_____.

分析 函数代数式含 $|x|$,转化为分段函数 $f(x)=\begin{cases}x^2-4x & (x\geq 0),\\ -x^2+4x & (x<0).\end{cases}$ 图像如图 4.6 所示.条件 $t>-1$,t 值不确定,考虑实验,验证条件为 $x\in[-t,t+2]$,$f(x)_{\min}=-4$.

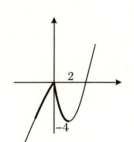

令 $t=-1$,$x\in[1,1]$ 显然不成立.

令 $t=0$,$x\in[0,2]$ 符合验证条件.

令 $t=1$,$x\in[-1,3]$,$f(-1)=-5$ 不成立.

观察实验结果,归纳得取值范围为 $[0,t_0]$,其中 $0<t_0<1$.

$$f(-t_0)=(-t_0-4)t_0=-4,$$
$$t_0^2+4t_0-4=0,$$

图 4.6 解得 $t_0=\dfrac{-4\pm\sqrt{16+16}}{2}=-2\pm 2\sqrt{2}$,所以 $t_0=2\sqrt{2}-2$,故 t 的取值范围为 $[0,2\sqrt{2}-2]$.

点评 结论中出现的参数也经常作为实验对象.

2. 关键的函数任意,结合函数图像对函数做实验

例 4.6 已知函数 $f(x)=\begin{cases}(x-a)^2-1 & (x\geq 0),\\ -(x-b)^2+1 & (x<0),\end{cases}$ 其中 $a>0,b\in\mathbf{R}$.若 $f(x)$ 为奇函数,求 a,b 的值.

分析 条件中函数定义域 $x\in\mathbf{R}$ 和条件 $\forall x,f(x)+f(-x)=0$,存在任意性,考虑实验.

令 $x=0$,则 $f(0)=0$.

令 $x=a$,则 $f(a)=-1$.

令 $x=-a$,则 $f(-a)=-(a+b)^2+1$.

作图,如图4.7所示,根据奇函数图像关于原点对称,可知 $f(-a)=1$,解得 $a=1, b=-1$.

点评 奇函数模型 $\begin{cases} x \in A, \\ y=f(x), \\ f(x)+f(-x)=0 \end{cases}$ 中,选择合适的数据进行实验是解决问题的关键.

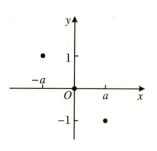

图4.7

3. 函数不确定,找符合条件的函数做实验

例4.7 已知奇函数 $f(x)$ 是定义在 $\mathbf{R}$ 上的增函数,数列 $\{x_n\}$ 是一个公差为2的等差数列,满足 $f(x_8)+f(x_9)+f(x_{10})+f(x_{11})=0$,则 x_{2011} 的值等于_____.

分析 $f(x)$ 为奇函数和增函数,不确定,考虑实验.令 $f(x)=x$,则条件
$$f(x_8)+f(x_9)+f(x_{10})+f(x_{11})=0$$
就转化为
$$x_8+x_9+x_{10}+x_{11}=0,$$
则首项为 -17,x_{2011} 的值等于4003.

点评 找到符合条件的抽象函数的具体形态,可以简化问题.

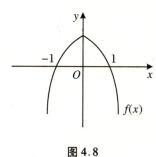

图4.8

例4.8 设函数 $f(x)$ 的图像关于 y 轴对称,又已知 $f(x)$ 在 $(0,+\infty)$ 上为减函数,且 $f(1)=0$,则不等式 $\dfrac{f(x)+f(-x)}{x}<0$ 的解集为_____.

分析 条件中函数不确定,考虑实验.实验场地为平面直角坐标系,如图4.8所示,即为满足条件的 $f(x)$ 图像.根据 $f(x)$ 为偶函数,不等式变形为 $x \cdot f(x)<0$,结合图像,解集为 $(1,+\infty) \cup (-1,0)$.

4. 关键的方程任意,对方程中的量做实验

例4.9 (山东理12)设 A_1,A_2,A_3,A_4 是平面直角坐标系中两两不同的四点,若 $\overrightarrow{A_1A_3}=\lambda\overrightarrow{A_1A_2}(\lambda \in \mathbf{R})$,$\overrightarrow{A_1A_4}=\mu\overrightarrow{A_1A_2}(\mu \in \mathbf{R})$,且 $\dfrac{1}{\lambda}+\dfrac{1}{\mu}=2$,则称 A_3,A_4 调和分割 A_1,A_2.已知平面上的点 C,D 调和分割点 A,B,则下列说法正确的是( ).

A. C 可能是线段 AB 的中点 B. D 可能是线段 AB 的中点
C. C,D 可能同时在线段 AB 上 D. C,D 不可能同时在线段 AB 的延长线上

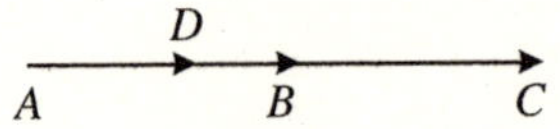

图 4.9

分析 条件 $\dfrac{1}{\lambda}+\dfrac{1}{\mu}=2$ 中,λ 与 μ 取值不确定,对 λ 与 μ 做实验,研究 $\overrightarrow{AC}=\lambda\overrightarrow{AB}$,$\overrightarrow{AD}=\mu\overrightarrow{AB}$,取定 $\overrightarrow{AB}$,如图 4.9 所示.

令 $\lambda=2$,$\mu=\dfrac{2}{3}$,则 C 在线段 AB 的延长线上,D 在线段 AB 上.

令 $\lambda=\dfrac{2}{3}$,$\mu=2$,则 C 在线段 AB 上,D 在线段 AB 的延长线上.

根据实验可知,C 在线段 AB 上 $\Leftrightarrow 0<\lambda<1$,$D$ 在线段 AB 上 $\Leftrightarrow 0<\mu<1$,它们在 $\dfrac{1}{\lambda}+\dfrac{1}{\mu}=2$ 的条件下不可能同时成立,C 错误,故选 D.

点评 在方程模型 $\begin{cases} x\in A,\\ f(x,y)=0 \end{cases}$ 中,利用满足方程的解进行实验.

在选择题中,可充分利用选项来设计实验.

例 4.10 已知 $k_1,k_2,k_3,\cdots,k_n$ 是互不相同的 n 个正整数,且满足 $k_1^3+k_2^3+k_3^3+\cdots+k_n^3=2024$,则正整数 n 的最大值为 _____.

分析 条件有方程 $k_1^3+k_2^3+\cdots+k_n^3=2024$,$k_1,k_2,\cdots,k_n$ 为不确定的量,对其做实验.由于 $k_1,k_2,\cdots,k_n$ 是互不相同的 n 个正整数,结论研究 n 的最大值,因此实验从小数值开始.

令 $k_1=1$,$k_2=2$,$k_3=3$,$k_4=4,\cdots$,则

$$k_1^3+k_2^3+k_3^3+k_4^3+\cdots+k_{10}^3=\left(\dfrac{10\times 11}{2}\right)^2=3025.$$

然后做调整,去掉 $10^3=1000$,去掉 $1^3=1$,则 $2^3+3^3+\cdots+9^3=2024$.这里,若再去掉一个,再增加 10^3,显然不行,故 $n_{\max}=9$.

点评 对方程中的量做实验,一般利用极端思想,取极小与极大的值.

5. 关键的不等式有任意性,对其中的量做实验

例 4.11 已知 $b>a>1$,$t>0$,若 $a^x=a+t$,则 b^x 与 $b+t$ 的大小关系为( ).

A. $b^x>b+t$ B. $b^x=b+t$ C. $b^x<b+t$ D. 不能确定

分析 条件有不等式 $b>a>1$,$t>0$,不确定,对 a,b 做实验.取 $a=2$,$b=4$,由 $a^x=a+t$,令 $x=2$,$t=2$,则 $b^x=4^2$,$b+t=4+2=6$,于是 $b^x>b+t$.再取 $a=3$,$b=10$,由 $a^x=a+t$,令 $x=2$,$t=6$,则 $b^x=10^2$,$b+t=10+6=16$,于是 $b^x>b+t$.

两次实验,均得到 $b^x>b+t$,选择题中就认定这个结果.

点评 要注意字母特殊化实验中,数据选择的代表性,特别是在选择题中出现"不能确定"这种选项的时候.

4.2.2 对关键的数学对象的形状做实验

例 4.12 如图 4.10 所示,在平行四边形 $ABCD$ 中,$AP \perp BD$,垂足为 P,且 $AP = 3$,则 $\overrightarrow{AP} \cdot \overrightarrow{AC} =$ _____.

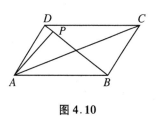

图 4.10

分析 条件中平行四边形形状不确定,考虑实验.令平行四边形为正方形,则 P 点为对角线的交点,$AC = 6$,故 $\overrightarrow{AP} \cdot \overrightarrow{AC} = 18$.

点评 对数学对象进行实验的前提是已经能够判定研究的结论为定值.

4.2.3 对点的位置做实验

1. 关键的点位置在轨迹上任意,对点的位置做实验

例 4.13 已知函数 $f(x) = e^x + x$,对于曲线 $y = f(x)$ 上横坐标成等差数列的三个点 A, B, C,给出以下判断:

① $\triangle ABC$ 一定是钝角三角形;　　② $\triangle ABC$ 可能是直角三角形;

③ $\triangle ABC$ 可能是等腰三角形;　　④ $\triangle ABC$ 不可能是等腰三角形.

其中,正确的判断是(　　).

A. ①③　　　　B. ①④　　　　C. ②③　　　　D. ②④

分析 条件中 A, B, C 位置不确定,可以做实验.实验场地为函数 $f(x) = e^x + x$ 的图像,如图 4.11 所示.

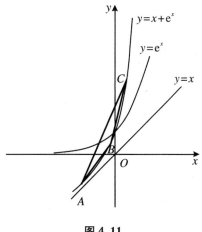

图 4.11

令 $B(0,1)$, $A\left(-1,\dfrac{1}{e}-1\right)$, $C(1,1+e)$, 则 $\triangle ABC$ 为钝角三角形.

令 $B(0,1)$, $A(-3,f(-3))$, $C(3,f(3))$, 则 $\triangle ABC$ 为钝角三角形.

移动 A,B,C 并保证 $x_B-x_A=x_C-x_B$, 发现 $\triangle ABC$ 不可能等腰, 所以①④正确, 故选 B.

点评 若函数图像作为实验场地, 则作图上的精度要提高, 可多取一些点.

2. 多动点实验问题

例 4.14 若动点 P,Q 在椭圆 $9x^2+16y^2=144$ 上, 且满足 $H\in PQ$, $\overrightarrow{OP}\cdot\overrightarrow{OQ}=0$, $\overrightarrow{OH}\cdot\overrightarrow{PQ}=0$, 则 $|\overrightarrow{OH}|=(\quad)$.

A. $6\dfrac{2}{3}$ B. $5\dfrac{3}{4}$ C. $2\dfrac{2}{5}$ D. $\dfrac{4}{15}$

分析 如图 4.12 所示, 条件动点 P,Q 在椭圆上动, 位置不确定, 考虑实验. 令 P 为上顶点, Q 为右顶点, 满足 $\overrightarrow{OP}\cdot\overrightarrow{OQ}=0$. 又因为 $H\in PQ$, $\overrightarrow{OH}\cdot\overrightarrow{PQ}=0$, 所以 OH 为 $\triangle OPQ$ 斜边 PQ 上的高线, 高 $h=\dfrac{\dfrac{1}{2}\times 3\times 4}{\dfrac{1}{2}\times 5}=\dfrac{12}{5}$, 故选 C.

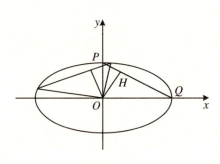

图 4.12

点评 两动点在轨迹上动, 又要满足条件 $\overrightarrow{OP}\cdot\overrightarrow{OQ}=0$, 一般让一个动点在动, 另一个随前一个动点变化, 将多动点问题转化为单动点问题.

例 4.15 如图 4.13 所示, A,B,C 是圆 O 上的三点, 射线 CO 与线段 AB 的延长线交于圆外一点 D, 若 $\overrightarrow{OC}=x\overrightarrow{OA}+y\overrightarrow{OB}$, 则( ).

A. $0<x+y<1$ B. $x+y>1$
C. $x+y<-1$ D. $-1<x+y<0$

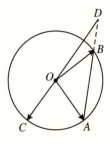

图 4.13

分析 条件中在 A,B 固定的情况下, C 在圆轨迹上运动, 对 C 点位置做实验, 考虑两种特殊情形:

第一种情形, C 点在 B 点关于 O 点的对称点上, 此时 $x=-1$, $y=0$, 所以 $x+y=-1$;

第二种情形,OC 与 AB 平行的时候,x 是 y 的相反数,则 $x+y=0$,射线与 AB 的交点在无穷远的地方.

故选 D.

点评 不确定情况是多动点在轨迹上动的时候,要会固定一些动点,对其中关键点进行实验.

例 4.16 如图 4.14 所示,边长为 2 的正方形 $ABCD$ 和正方形 $ABEF$ 所在的面成 $60°$ 角,M,N 分别是线段 AC 和 BF 上的点,且 $AM=FN$,则线段 MN 的长的取值范围是( ).

A. $\left[\dfrac{1}{2},2\right]$ B. $[1,2]$

C. $[\sqrt{2},2]$ D. $[\sqrt{3},2]$

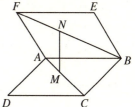

图 4.14

分析 条件中 M 在线段 AC 上运动,N 在线段 BF 上运动,限制条件为 $AM=FN$,考虑做实验.

令 A 与 M 重合,F 与 N 重合,则 $MN=2$.

令 M,N 为中点,如图 4.14 所示,$MN=\dfrac{1}{2}DF=1$.

故选 B.

点评 点 P 在轨迹上运动,实验时,两端与中点要优先实验.

例 4.17 已知 G 是 $\triangle ABC$ 的重心,$\overrightarrow{AM}=\dfrac{3}{4}\overrightarrow{AB}+\lambda\overrightarrow{AC}$,终点 M 在 $\triangle GBC$ 内(不含边界),则实数 λ 的取值范围为 _____.

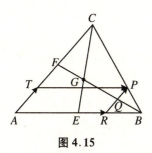

图 4.15

分析 条件 G 为 $\triangle ABC$ 的重心,如图 4.15 所示,在 $\triangle ABC$ 中作出中线 CE 与 BF,交点即为 G.条件 $\overrightarrow{AM}=\dfrac{3}{4}\overrightarrow{AB}+\lambda\overrightarrow{AC}$,取 BE 的中点 R,则

$$\overrightarrow{AR}=\dfrac{3}{4}\overrightarrow{AB},\quad \lambda\overrightarrow{AC}=\overrightarrow{AT},$$

过 R 作直线 $l,l \parallel AC$ 交 BF 于 Q,交 BC 于 P,则由 $\overrightarrow{AM}=\dfrac{3}{4}\overrightarrow{AB}+\lambda\overrightarrow{AC}$ 限制的 M 在直线 l 上运动.又 M 在 $\triangle GBC$ 内(不含边界),所以 M 点轨迹为 PQ(不含端点).

实验,M 与 P 重合,$\lambda=\dfrac{1}{4}$.

M 与 Q 重合,$\lambda=\dfrac{1}{8}$.

故 $\dfrac{1}{8}<\lambda<\dfrac{1}{4}$.

例 4.18 已知正方体 $ABCD-A_1B_1C_1D_1$,点 P 在正方形 $ABCD$ 内(包括边界),设直线

PD_1 与平面 $ABCD$ 所成角为 α，PB_1 与平面 $ABCD$ 所成角为 β，若 $\alpha+\beta=90°$，则满足条件的点 P 的个数为（　　）．

A. 0 个　　　　　　B. 2 个　　　　　　C. 6 个　　　　　　D. 无数个

分析　条件点 P 在正方形 $ABCD$ 内（包括边界），点 P 不确定，考虑实验．如图 4.16 所示．

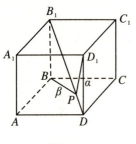

图 4.16

P 在 A 点，则 $\alpha=45°$，$\beta=45°$，$\alpha+\beta=90°$．

P 在 B 点，则 $\alpha=\angle DBD_1$，$\beta=90°$，$\alpha+\beta=90°+\angle DBD_1$．

P 在 C 点，则 $\alpha=45°$，$\beta=45°$，$\alpha+\beta=90°$．

P 在 D 点，则 $\alpha=90°$，$\beta=\angle B_1DB$，$\alpha+\beta=90°+\angle B_1DB$．

对实验结果进行归纳、推广．

P 在线段 DA 上移动，$\alpha+\beta$ 的值从 $90°+\angle BDB_1$ 变到 $90°$．

P 在线段 AB 上移动，$\alpha+\beta$ 的值从 $90°$ 变到 $90°+\angle DBD_1$．

P 在线段 BC 上移动，$\alpha+\beta$ 的值从 $90°+\angle DBD_1$ 变到 $90°$．

P 在线段 CD 上移动，$\alpha+\beta$ 的值从 $90°$ 变到 $90°+\angle DBD_1$．

P 在 $ABCD$ 内部时，过 P 作 DE 交 AB 于 E．

P 在 E 上时，$\alpha+\beta$ 的值大于 $90°$，记作 α，则 P 在线段 PE 上移动，$\alpha+\beta$ 的值从 $90°+\angle B_1DB$ 变到 $90°$，此时它一定大于 $90°$，所以 P 在 $ABCD$ 内部时，$\alpha+\beta>90°$．

满足条件的 P 点只有 A，C，故选 B．

4.2.4　实验中变动为静的处理

例 4.19　已知 A,B,C 是单位圆上任意的不同三点，O 为圆心，若 $\overrightarrow{OA}=2\overrightarrow{OB}+x\overrightarrow{OC}$，则实数 x 的取值范围为_____．

分析　条件中 A,B,C 三点都在动，考虑固定两点只变动一点．如图 4.17 所示，在圆上固定一点 B，并延长到 B_1，且 $OB=BB_1$．再取一点 A，则

$$\overrightarrow{OA}-2\overrightarrow{OB}=\overrightarrow{OA}-\overrightarrow{OB_1}=\overrightarrow{B_1A}.$$

由条件 $\overrightarrow{OA}=2\overrightarrow{OB}+x\overrightarrow{OC}$，得

$$\overrightarrow{OA}-2\overrightarrow{OB}=x\overrightarrow{OC},$$

此等式中，只要 $\overrightarrow{OA}$，$\overrightarrow{OB}$ 确定，$\overrightarrow{OC}$ 也确定，所以固定 B 点，移动 A 点．$1<|\overrightarrow{B_1A}|\leqslant 3$，所以 $1<|x\overrightarrow{OC}|\leqslant 3$，故 $1<x<3$ 或 $-3<x<-1$．

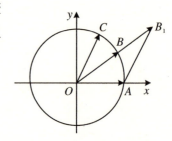

图 4.17

点评　数学问题中将多变动问题转化为单变动问题，利用对称性固定第一个动点，利用等式固定部分动点，最终只考虑一个动点，将问题全部变动研究出来．

4.2.5 关键的直线位置任意,对其位置做实验

例 4.20 椭圆 $\dfrac{x^2}{a^2}+\dfrac{y^2}{5}=1$($a$ 为定值,且 $a>\sqrt{5}$)的左焦点为 F_1,直线 $x=m$ 与椭圆相交于点 A,B,$\triangle F_1AB$ 的周长的最大值是 12,则该椭圆的离心率是 _____.

分析 条件中直线 $x=m$ 位置不确定,对直线位置做实验.如图 4.18 所示,令直线 $x=m$ 在图 4.18 中的位置,$\triangle F_1AB$ 的周长 $=|AF_1|+|BF_1|+|AB|$,利用椭圆定义,可得

$$|AF_1|+|AF_2|=2a,$$
$$|BF_2|+|BF_1|=2a,$$

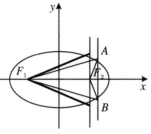

图 4.18

所以 $\triangle F_1AB$ 的周长 $=4a-|AF_2|-|BF_2|+|AB|$,此时 $|AF_2|+|BF_2|>|AB|$,所以 $\triangle F_1AB$ 的周长 $<4a$,然后移动 $x=m$ 到特殊位置过 F_2,此时 $|AF_2|+|BF_2|=|AB|$,所以 $\triangle F_1AB$ 的周长 $=4a$,即 $12=4a$,亦即 $a=3$,于是 $b^2=5,c^2=4$,故 $e=\dfrac{2}{3}$.

点评 动点、动直线运动过程中,除了两端点和中点外,特殊位置也要考虑.

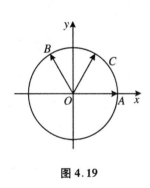

图 4.19

例 4.21 给定两个长度为 1 的平面向量 $\overrightarrow{OA}$ 和 $\overrightarrow{OB}$,它们的夹角为 $120°$.点 C 在以 O 为圆心的圆弧 $\overparen{AB}$ 上变动.若 $\overrightarrow{OC}=x\overrightarrow{OA}+y\overrightarrow{OB}$,其中 $x,y\in\mathbf{R}$,则 $x+y$ 的最大值是 _____.

分析 **方法一** 由于对称性,猜测 $\overrightarrow{OC}$ 在中间位置时 $x+y$ 达到最大值,如图 4.19 所示,此时 $\angle AOC=\angle BOC=60°$,所以四边形 $OACB$ 为菱形,$\overrightarrow{OC}=\overrightarrow{OA}+\overrightarrow{OB}$,即 $x+y=2$,故 $(x+y)_{\max}=2$.

点评 在高中阶段,研究的量变化一般是连续的.本题中,C 与 A 重合时,$x+y=1$;C 在弧 AB 中点 D 时,$x+y=2$.所以 C 在弧 AD 上变动,则 $1\leqslant x+y\leqslant 2$.

方法二 解析法.

条件点 C 在以 O 为圆心的圆弧 AB 上变动,可以把 C 点坐标用参数式表示出来.

如图 4.20 所示,以 O 为原点,OA 为 x 轴建立坐标系,则 $A(1,0)$,$B\left(-\dfrac{1}{2},\dfrac{\sqrt{3}}{2}\right)$,$C$ 点在圆 $x^2+y^2=1$ 上变动,则可设 $C(\cos\alpha,\sin\alpha)$,且 $0<\alpha<\dfrac{2}{3}\pi$.由条件 $\overrightarrow{OC}=x\overrightarrow{OA}+y\overrightarrow{OB}$,得

$$\cos\alpha=x-\dfrac{y}{2},\sin\alpha=\dfrac{\sqrt{3}}{2}y,\text{ 所以}$$

$$x+y = \cos\alpha + \sqrt{3}\sin\alpha = 2\sin\left(\alpha + \frac{\pi}{6}\right),$$

当 $\alpha = \frac{\pi}{3}$ 时,$(x+y)_{\max} = 2$.

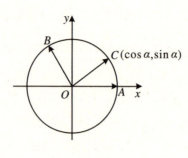

图 4.20

点评 若条件中的不确定性可引入参数表达,则题目也就可用解析法解决.

4.2.6 关键的数学对象较多,搭配成基本数学对象再做实验

要注意由零件构成局部配件,再由配件组装成数学对象.

例 4.22 设四面体的六条棱的长分别为 $1,1,1,1,\sqrt{2}$ 和 a,且长为 a 的棱与长为 $\sqrt{2}$ 的棱异面,则 a 的取值范围是( ).

A. $(0,\sqrt{2})$
B. $(0,\sqrt{3})$
C. $(1,\sqrt{2})$
D. $(1,\sqrt{3})$

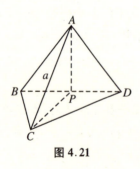

图 4.21

分析 条件中棱长位置不确定,先将边组成两个三角形,如图 4.21 所示,$\triangle ABD$ 与 $\triangle BCD$ 均为等腰直角三角形,将 $\triangle BCD$ 固定,$\triangle ABD$ 沿 BD 翻折,则 A 与 C 可以非常接近,所以 $a > 0$.

面 ABD 与面 BCD 在同一平面内,$AC = \sqrt{2}$,所以 $0 < a < \sqrt{2}$,故选 A.

点评 四面体可由两个三角形构造而来.

4.2.7 通过模型、道具做数学实验

例 4.23 已知矩形 $ABCD$,$AB = 1$,$BC = x$,将 $\triangle ABD$ 沿矩形对角线 BD 所在直线进行翻折,在翻折过程中,则( ).

A. 对任意的 $x \in (0,2)$,都存在某个位置,使得 $AB \perp CD$

B. 对任意的 $x \in (0,2)$,都不存在某个位置,使得 $AB \perp CD$

C. 对任意 $x > 1$,都存在某个位置,使得 $AB \perp CD$

D. 对任意 $x > 1$,都不存在某个位置,使得 $AB \perp CD$

分析 如果题目中要求研究的对象身边可以找到,可找来做实验.本题中利用手中的草稿纸,把宽记作长度为 1,另一边长记作 x,令 $x = \dfrac{1}{2}$,如图 4.22(a)所示,根据题目要求翻折,发现翻折前 $\vec{AB}$ 与 $\vec{CD}$ 成角为 $0°$,翻折到最大位置,成角也为锐角,所以不存在某个位置,使 $AB \perp CD$.再令 $x = \dfrac{3}{2}$ 时,如图 4.22(b)所示,翻折到最大位置,$\vec{AB}$ 与 $\vec{CD}$ 成钝角,所以中间某个位置为直角.根据二次实验,只有选项 C 成立.

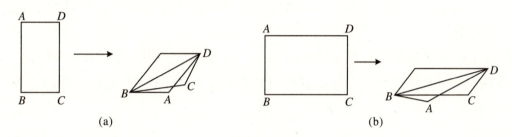

图 4.22

点评 考试前,身边准备好必要的道具,如三角形、矩形、正方体、球,必要时可拿来做实验,帮助我们思考.

例 4.24 如图 4.23 所示,有一菱形纸片 $ABCD$,$A = 60°$,E 是 AD 边上的一点(不包括 A,D),先将 $ABCD$ 沿对角线 BD 折成直二面角,再将 $\triangle ABE$ 沿 BE 翻折到 $A'BE$,下列不可能正确的是( ).

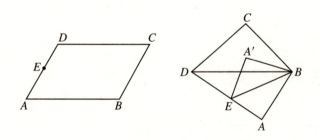

图 4.23

A. BC 与平面 $A'BE$ 内某直线平行　　　B. BC 与平面 $A'BE$ 内某直线垂直

C. CD // 平面 $A'BE$　　　D. $CD \perp$ 平面 $A'BE$

分析 利用手边草稿纸,折出符合条件的菱形做实验,发现 A,B,C 都有可能,只有 D:$CD \perp$ 平面 $A'BE$,无法成功.再对这个结论进行反推,$CD \perp$ 平面 $A'BE \Rightarrow CD \perp BE$,这不成立,故选 D.

练习

1. 如图 4.24 所示,已知△ABC,D 是 AB 的中点,沿直线 CD 将△ACD 折成△A'CD,所成二面角 A'-CD-B 的平面角为 α,则( ).

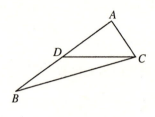

图 4.24

A. ∠A'DB≤α   B. ∠A'DB≥α   C. ∠A'CB≤α   D. ∠A'CB≥α

答案:B.

2. 如图 4.25 所示,在矩形 ABCD 中,AB=2,AD=4,点 E 在线段 AD 上,且 AE=3,现分别沿 BE,CE 将△ABE,△DCE 翻折,使得点 D 落在线段 AE 上,则此时二面角 D-EC-B 的余弦值为( ).

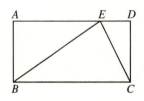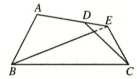

图 4.25

A. $\dfrac{4}{5}$ B. $\dfrac{5}{6}$ C. $\dfrac{6}{7}$ D. $\dfrac{7}{8}$

答案:D.

4.2.8 多变元问题实验

例 4.25 若 $x_1<x_2<x_3<x_4$,则 $f(x)=(x-x_1)(x-x_3)+\lambda(x-x_2)(x-x_4)$ $(\lambda\neq-1)$ 必有两个零点 $a,b(a<b)$,下列情况中不可能的是( ).

A. $x_1<a<x_2,x_3<b<x_4$ B. $a<x_1,x_3<b<x_4$
C. $a<x_1,x_2<b<x_3$ D. $x_2<a<x_3,b>x_4$

分析 条件中变元 x_1,x_2,x_3,x_4 不确定,考虑实验.由于变元太多,应固定部分.分析结论中 x_1,x_3 均出现,令 $x_1=1,x_3=3$,则只需研究 $(x-1)(x-3)=-\lambda(x-x_2)(x-x_4)$ 的交点情况.作图 $F(x)=(x-1)(x-3)$,如图 4.26 所示.对 x_2,x_4 实验,由条件 $x_1<x_2<x_3<x_4$,令 $x_2=2,x_4=4,G(x)=-\lambda(x-2)(x-4)$,再对 λ 实验.

若$-\lambda<0$,则图像如图 4.26 所示,$x_1<a<x_2,x_3<b<x_4$.

若$-\lambda>0$,则图像如图 4.27 所示,$a<x_1,x_2<b<x_3$.

A、C 选项排除,B、D 两项待选.

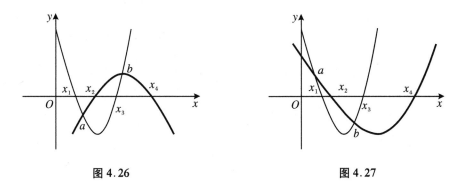

图 4.26　　　　　　　　　　图 4.27

研究 B,$a<x_1,x_3<b<x_4$,$F(x)$与$G(x)$的图像交点在A,B两点,过这两点作$G(x)$的图像,开口向下显然不行,开口向上的话,又要保证与x轴交点分别在(x_1,x_3)与$(x_3,+\infty)$内,不可能.

同法研究 D,这是可能的.

点评　对变元进行实验,涉及多变元时,可固定部分、变动部分.

4.2.9　利用立体模型解决问题

1. 利用长方体模型解决投影问题

考虑线段在三视图中投影,可以从长方体中分解出体对角线AC_1,其在主视图、俯视图、左视图上投影分别为AD_1,AC_1,AB_1,如图 4.28 所示.

考虑三角形在三视图中投影,可以从长方体中分解出面BDC_1,其在主视图、俯视图、左视图上投影分别为面ADD_1、面$B_1D_1C_1$、面CDC_1,如图 4.29 所示.

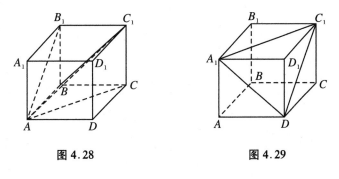

图 4.28　　　　　　　　图 4.29

点评　在长方体中,点投影很容易定位,所以任何几何体的投影也就容易定位了.

2. 利用正方体模型解决相关问题

例 4.26 三棱锥的三组相对的棱分别相等（相对的棱指异面直线的一组棱）且长度分别为 $\sqrt{2}, m, n$，其中 $m^2 + n^2 = 6$，则三棱锥体积的最大值为_____.

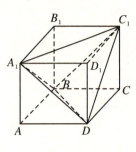

图 4.30

分析 从三棱锥的外部考虑，三棱锥三组相对棱分别相等，这样的结构可以从长方体中截取，或者说从长方体中分解出来. 如图 4.30 所示，长方体 $A_1B_1C_1D_1\text{-}ABCD$ 中，三棱锥 $D\text{-}A_1C_1B$ 即是符合条件的. 设长方体长、宽、高分别为 x, y, z，则

$$x^2 + y^2 = 2,$$
$$x^2 + z^2 = m^2,$$
$$y^2 + z^2 = n^2,$$
$$m^2 + n^2 = x^2 + y^2 + 2z^2 = 6,$$

所以 $z^2 = 2$.

$$V_{D\text{-}A_1C_1B} = V_{\text{长方体}} - 4V_{B\text{-}A_1B_1C_1} = xyz - 4 \times \frac{1}{2}xyz \times \frac{1}{3}$$
$$= \frac{1}{3}xyz = \frac{\sqrt{2}}{3}xy.$$

因为 $x^2 + y^2 = 2$，所以 $xy \leqslant \frac{x^2+y^2}{2} = 1$，当且仅当 $x = y = 1$ 时取" = ".

故 $(V_{D\text{-}A_1C_1B})_{\max} = \frac{\sqrt{2}}{3}$.

点评 从长方体中能够分解出的典型结构，除了题目中的外，还有如图 4.31～图 4.33 所示几种.

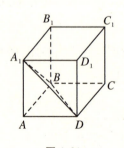 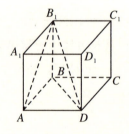 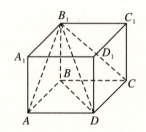

图 4.31　　　　　　　图 4.32　　　　　　　图 4.33

几何体的分解可以从内部和外部两个方面进行，从内部就是将几何体从内分解为规则的几部分，外部的话就是将此几何体看成从更大、更规则的几何体中分解出来，一般这种几何体为正方体、长方体等.

例 4.27 已知 A,B,C,D 四点在半径为 $\dfrac{\sqrt{29}}{2}$ 的球面上,且 $AC=BD=\sqrt{13}$,$AD=BC$ $=5$,则三棱锥 $D\text{-}ABC$ 的体积是_____.

分析 由题意,构造长方体,其面上的对角线构成三棱锥 $D\text{-}ABC$,如图 4.34 所示,设长方体的长、宽、高分别为 a,b,c,则

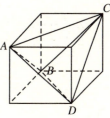

$$\begin{cases} a^2+b^2+c^2=29, \\ a^2+b^2=13, \\ a^2+c^2=25, \end{cases}$$

解得 $a=3,b=2,c=4$.

图 4.34

故三棱锥 $D\text{-}ABC$ 的体积是 $2\times3\times4-4\times\dfrac{1}{3}\times\dfrac{1}{2}\times2\times3\times4$ $=8$.

例 4.28 在四面体 $ABCD$ 中,AB,AC,AD 两两垂直,$AB=\sqrt{3}$,$AD=2$,$AC=\sqrt{5}$,则该四面体外接球的表面积为_____.

分析 由球的对称性及 AB,AC,AD 两两垂直可以补形为长方体 $ABD'C\text{-}DC'A'B'$,如图 4.35 所示.

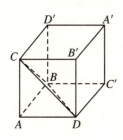

长方体的对称中心即为球心,所以

$$2R=\sqrt{AB^2+AC^2+AD^2}=\sqrt{3+5+4}=2\sqrt{3},$$

即 $R=\sqrt{3}$,故 $S=4\pi(\sqrt{3})^2=12\pi$.

图 4.35

第5章 推理与证明

推理:由一个或几个已知的判断(前提),推导出一个未知的结论的思维过程.推理是形式.逻辑是研究人们思维形式和其规律以及一些简单的逻辑方法.

推理与证明的思维导图如图5.1所示.

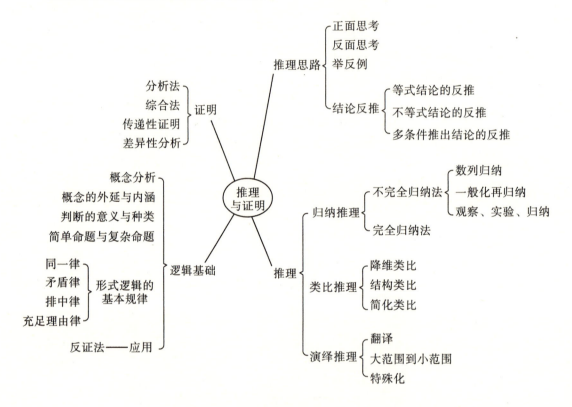

图 5.1

5.1 推理与证明的思路

5.1.1 正面思考

1. 学会条件与结论的等价转化

例 5.1 已知函数 $f(x)=\dfrac{a}{x}-x$，对任意 $x\in(0,1)$，有 $f(x)\cdot f(1-x)\geqslant 1$ 恒成立，则实数 a 的取值范围是 _____.

分析 条件 $f(x)\cdot f(1-x)\geqslant 1$ 无法转化，只能将 $f(x)=\dfrac{a}{x}-x$ 代入得到

$$\left(\dfrac{a}{x}-x\right)\left[\dfrac{a}{1-x}-(1-x)\right]\geqslant 1,$$

去分母得

$$(a-x^2)[a-(1-x)^2]\geqslant x(1-x),$$

即

$$a^2-(2x^2-2x+1)a+(x^2-x)(x^2-x+1)\geqslant 0.$$

以 a 为主元因式分解，得

$$[a-(x^2-x)][a-(x^2-x+1)]\geqslant 0 \Rightarrow a\geqslant (x^2-x+1)_{\max}\ \text{或}\ a\leqslant (x^2-x)_{\min}.$$

故 $a\geqslant 1$ 或 $a\leqslant -\dfrac{1}{4}$.

点评 一个条件自身无法简化或转化时，只能结合其他条件继续处理。如图 5.2 所示.

图 5.2

2. 学会对条件的不确定性分类讨论再推理

例 5.2 设 a,b 为正实数，现有下列命题：

① 若 $a^2-b^2=1$，则 $a-b<1$；

② 若 $\frac{1}{b} - \frac{1}{a} = 1$,则 $a - b < 1$;

③ 若 $|\sqrt{a} - \sqrt{b}| = 1$,则 $|a - b| < 1$;

④ 若 $|a^3 - b^3| = 1$,则 $|a - b| < 1$.

其中的真命题有_____(写出所有真命题的编号).

分析 若 a, b 都小于 1,则 $a - b < 1$,若 a, b 中至少有一个大于或等于 1,则 $a + b > 1$.由于 $a^2 - b^2 = (a + b)(a - b) = 1$,所以 $a - b < 1$,故①正确.

对于 $|a^3 - b^3| = |(a - b)(a^2 + ab + b^2)| = 1$,若 a, b 中至少有一个大于或等于 1,则 $a^2 + ab + b^2 > 1$,故 $|a - b| < 1$.

若 a, b 都小于 1,则 $|a - b| < 1$,故④正确.

对于②,条件 $\frac{1}{b} - \frac{1}{a} = 1 \Leftrightarrow a - b = ab$,结论 $a - b < 1 \Leftrightarrow ab < 1$,显然不一定,错误.

对于③,条件 $|\sqrt{a} - \sqrt{b}| = 1 \Leftrightarrow |a - b| = \sqrt{a} + \sqrt{b}$,结论 $|a - b| < 1 \Leftrightarrow \sqrt{a} + \sqrt{b} < 1$,显然不一定,错误.

综上所述,真命题有①④.

点评 一个推理是否成立,证明考虑有两种方式:

(1) 将条件等价转化,将结论等价转化,分析转化出来的两部分是否可以推导;

(2) 将符合条件的各种情况列举,验证结论是否成立.

例 5.3 已知集合 $A = \{1, 2, 3, \cdots, n\}(n \geq 4)$,从集合 A 中取出 4 个不同的数构成有序数组 (a_1, a_2, a_3, a_4),若对任意的 $2 \leq i \leq 4$,都存在 $1 \leq j < i$,使得 $|a_i - a_j| = 1$,则称该数组为"1-数组",则"1-数组"共有( ).

A. $4n - 4$ 个

B. $8n - 24$ 个

C. $2n(n - 2)$ 个

D. $\frac{n(n-1)(n-2)(n-3)}{3}$ 个

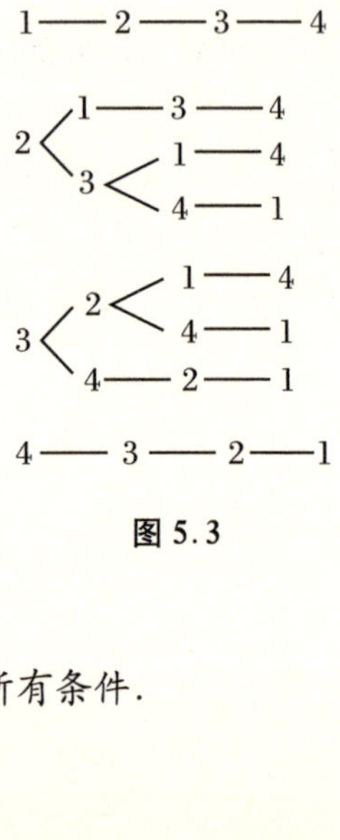

图 5.3

分析 条件 $n \geq 4$ 不确定,考虑实验.令 $n = 4$,则 $A = \{1, 2, 3, 4\}$.任意的 $2 \leq i \leq 4$,都存在 $1 \leq j < i$,使得 $|a_i - a_j| = 1$,里面含任意性,考虑枚举验证,列举出所有条件.

$i = 2, 1 \leq j < 2$,所以 $j = 1, |a_2 - a_1| = 1$.

$i = 3, 1 \leq j < 3$,所以 $j = 1$ 或 $j = 2, |a_3 - a_1| = 1$ 或 $|a_3 - a_2| = 1$.

$i = 4, 1 \leq j < 4$,所以 $j = 1$ 或 $j = 2$ 或 $j = 3, |a_4 - a_1| = 1$ 或 $|a_4 - a_2| = 1$ 或 $|a_4 - a_3| = 1$,显然成立.

用数形图(图 5.3)列举.

点评 条件中含任意性的命题,转化此条件可枚举验证,考虑所有条件.

排列组合中,条件较多、较复杂时,用数形图列举,逐一验证.

拓展 在数学中,弄清以下四种常用命题形式及相互关系是很重要的.

全称肯定命题,它的逻辑形式为"所有的 3 是 P",正面推理可将 3 一一列举.

全称否定命题,它的逻辑形式为"所有的 3 都不是 P".

特称肯定命题,它的逻辑形式为"有的 3 是 P".

特殊否定命题,它的逻辑形式为"有的 3 不是 P".

其中全称肯定命题与特殊否定命题为矛盾关系,一真一假;全称否定命题与特称肯定命题也为矛盾关系,一真一假.

练习 设集合 $S_n=\{1,2,3,\cdots,n\}$,若 Z 是 S_n 的子集,把 Z 中的所有数的和称为 Z 的"容量"(规定空集的容量为0).若 Z 的容量为奇(偶)数,则称 Z 为 S_n 的奇(偶)子集.

命题①:S_n 的奇子集与偶子集个数相等;

命题②:当 $n\geqslant 3$ 时,S_n 的所有奇子集的容量之和与所有偶子集的容量之和相等.

则下列说法正确的是(   ).

A. 命题①和命题②都成立   B. 命题①和命题②都不成立

C. 命题①成立,命题②不成立   D. 命题①不成立,命题②成立

答案:A.

5.1.2 反面思考

例 5.4 如果关于 x 的三个方程 $x^2+4ax-4a+3=0$,$x^2+(a-1)x+a^2=0$,$x^2+2ax-2a=0$ 中至少有一个方程有实根,则实数 a 的取值范围是(   ).

A. $\left(-\dfrac{3}{2},\dfrac{1}{2}\right)$ B. $\left(-1,\dfrac{1}{3}\right)$

C. $(-1,0)$ D. $\left(-\infty,-\dfrac{3}{2}\right]\cup[-1,+\infty)$

分析 条件为含逻辑词"或"的复合命题,考虑其否定,即 $x^2+4ax-4a+3=0$ 无实根且 $x^2+(a-1)x+a^2=0$ 无实根且 $x^2+2ax-2a=0$ 无实根,所以

$$\begin{cases}\Delta_1=16a^2-4(3-4a)<0,\\ \Delta_2=(a-1)^2-4a^2<0,\\ \Delta_3=4a^2+8a<0,\end{cases}$$

得到

$$\begin{cases}-\dfrac{3}{2}<a<\dfrac{1}{2},\\ a<-1\text{ 或 }a>\dfrac{1}{3},\\ -2<a<0,\end{cases}$$

即 $-\dfrac{3}{2}<a<-1$.

由于命题与命题的否定为矛盾关系,取补集,有 $a\leqslant-\dfrac{3}{2}$ 或 $a\geqslant-1$.故选 D.

点评 条件中含"不""或"等从正面无法处理的判断,可以考虑其反面.

练习 若直线 $ax+by=4$ 与不等式 $\begin{cases}2x-5y+8\geqslant0,\\2x+y-4\leqslant0,\\x+2y+4\geqslant0\end{cases}$ 表示的平面区域无公共点,则 $a+b$ 的取值范围是_____.

答案:$(-3,3)$.

1. 举反例

例5.5 关于直线 a,b,l 以及平面 M,N,下面命题中正确的是(   ).

A. 若 $a/\!/M,b/\!/M$,则 $a/\!/b$

B. 若 $a/\!/M,b\perp a$,则 $b\perp M$

C. 若 $a\subset M,b\subset M$,且 $l\perp a,l\perp b$,则 $l\perp M$

D. 若 $a\perp M,a/\!/N$,则 $M\perp N$

分析 选项 A,正方体中,上面的边都平行于底面,但上面的边不平行,所以错误.

选项 B,正方体中,上面的边都平行于底面,上面的边之间又有相互垂直的,但它们不垂直于底面,所以错误.

选项 C,当 a 与 b 平行的时候,不能保证结论,所以错误.

故选 D.

点评 根据条件的不确定性做实验,如果所有各种可能的实验都是成立的,那么这个推理成立,否则出现反例.结论不成立,举反例说明命题 A,B,C 均为假命题,所以选 D.

全称命题可借着一个否定的例子(反例)来打破.例如,只要发现一只不黑的乌鸦,就可以否定(打破)"天下乌鸦一般黑"这个全称命题,而不必去调查每一只乌鸦,证明每一只都是黑色的.换言之,"有只乌鸦不黑"这个特称命题就可以否定"天下乌鸦一般黑"这个全称命题.

像这样用特称命题来否定全称命题,或是用全称命题来否定特称命题,就是逻辑的规则.

2. 结论反推

(1) 等式结论的反推

例5.6 已知 $a+b+c=\dfrac{1}{a}+\dfrac{1}{b}+\dfrac{1}{c}=1$,求证:$a,b,c$ 中至少有一个等于 1.

分析 结论没有用数学式子表示,很难直接证明,首先将结论反推,用数学式子表示转化为我们熟悉的形式. a,b,c 至少有一个为 1,也就是 $a-1,b-1,c-1$ 中至少有一个为零,即 $(a-1)(b-1)(c-1)=0$,这样问题就解决了.

因为 $\dfrac{1}{a}+\dfrac{1}{b}+\dfrac{1}{c}=1$,所以 $ab+bc+ac=abc$,即

$$(a-1)(b-1)(c-1) = abc - (ab+bc+ac) + (a+b+c) - 1$$
$$= a+b+c-1 = 0,$$

故 $a-1,b-1,c-1$ 中至少有一个为零,即 a,b,c 中至少有一个等于 1.

点评 由已知推理得到结论,思路不是很顺时,要会从结论反推,并尽可能让结论表达与已知形式一致.

将要证结论反推,"翻译"成数学式子,将陌生问题反推成熟悉问题,是培养推理能力的有效手段.

(2) 不等式结论的反推

例 5.7 如果 a,b,c 是正数,且 $a+b+c \leqslant m, \dfrac{1}{a+b}+\dfrac{1}{b+c}+\dfrac{1}{c+a} \leqslant 1+\dfrac{1}{m}$,求证:$\dfrac{a}{b+c}+\dfrac{b}{c+a}+\dfrac{c}{a+b} \leqslant m-2$.

分析 从结构上看,主条件为 $\dfrac{1}{a+b}+\dfrac{1}{b+c}+\dfrac{1}{c+a} \leqslant 1+\dfrac{1}{m}$,主结论为 $\dfrac{a}{b+c}+\dfrac{b}{c+a}+\dfrac{c}{a+b} \leqslant m-2$,辅助条件为 $a+b+c \leqslant m$.

观察主条件与主结论右端 $\dfrac{m+1}{m}$ 的分子与 $m-2$ 相差 3.

将主结论 $\dfrac{a}{b+c}+\dfrac{b}{c+a}+\dfrac{c}{a+b} \leqslant m-2$ 反推为

$$\dfrac{a}{b+c}+\dfrac{b}{c+a}+\dfrac{c}{a+b}+3 \leqslant m+1,$$

即

$$\dfrac{a+b+c}{b+c}+\dfrac{a+b+c}{c+a}+\dfrac{a+b+c}{a+b} \leqslant m+1,$$

再反推为

$$\dfrac{1}{a+b}+\dfrac{1}{b+c}+\dfrac{1}{c+a} \leqslant \dfrac{m+1}{a+b+c}.$$

借助辅助条件 $a+b+c \leqslant m$,得 $\dfrac{m+1}{a+b+c} \geqslant \dfrac{m+1}{m}$. 只需证

$$\dfrac{1}{a+b}+\dfrac{1}{b+c}+\dfrac{1}{c+a} \leqslant \dfrac{m+1}{a+b+c} = 1+\dfrac{1}{m},$$

此为主条件,显然成立.

故 $\dfrac{a}{b+c}+\dfrac{b}{a+c}+\dfrac{c}{a+b} \leqslant m-2$.

点评 寻找条件与结论之间的联系是解决数学问题的关键,在不等式证明中尤为如此. 对于明显由主条件加辅助条件推出主结论的问题,将主结论反推,逐步构建出主条件的对应部分是推理成功的关键.

(3) 多条件推出结论的结构

① 不等式中的结论反推.

例 5.8 已知正数 a,b,c,d,e 满足 $a+2b+c=1$, $d+2e=1$, 求 $\dfrac{1}{a}+\dfrac{1}{b}+\dfrac{1}{cde}$ 的最小值.

分析 条件 $a+2b+c=1$ 为三元一次和式, $d+2e=1$ 为二元一次和式, 结论 $\dfrac{1}{a}+\dfrac{1}{b}+\dfrac{1}{cde}$ 为五元函数, 其中 a,b,c 受 $a+2b+c=1$ 制约, d,e 受 $d+2e=1$ 制约. 由于结论 $\dfrac{1}{a}+\dfrac{1}{b}+\dfrac{1}{cde}$ 中 de 只在项 $\dfrac{1}{cde}$ 中出现, 考虑先从中分解出 $\dfrac{1}{de}$ 放小. 因为 $2\sqrt{2de} \leqslant d+2e=1$, 所以 $de \leqslant \dfrac{1}{8}$, 于是 $\dfrac{1}{de} \geqslant 8$ 当且仅当 $d=2e=\dfrac{1}{2}$ 时等号成立.

问题转化为求 $\dfrac{1}{a}+\dfrac{1}{b}+\dfrac{8}{c}$ 的最小值. 此为三元负一次倒数和, 结合制约条件为三元一次和式 $a+2b+c=1$, 可考虑使用柯西不等式.

$$(a+2b+c)\left(\dfrac{1}{a}+\dfrac{1}{b}+\dfrac{8}{c}\right) \geqslant (1+\sqrt{2}+2\sqrt{2})^2 = 19+6\sqrt{2},$$

当且仅当 $\dfrac{\frac{1}{a}}{a}=\dfrac{\frac{1}{b}}{2b}=\dfrac{\frac{8}{c}}{c}$, 即 $a=\dfrac{1}{3\sqrt{2}+1}$, $b=\dfrac{1}{3\sqrt{2}+1}\cdot\dfrac{1}{\sqrt{2}}$, $c=\dfrac{2\sqrt{2}}{3\sqrt{2}+1}$ 时等号成立.

故 $\left(\dfrac{1}{a}+\dfrac{1}{b}+\dfrac{1}{cde}\right)_{\min}=19+6\sqrt{2}$.

点评 在分析多个条件与结论关系时, 结论中哪部分受哪个条件制约很重要, 可分解开分别考虑.

② 导数与应用中结论的反推.

例 5.9 (2013·辽宁高考) 已知函数 $f(x)=(1+x)\mathrm{e}^{-2x}$, 当 $x\in[0,1]$ 时, 求证: $1-x \leqslant f(x) \leqslant \dfrac{1}{1+x}$.

分析 要证 $x\in[0,1]$ 时, $(1+x)\mathrm{e}^{-2x} \geqslant 1-x$, 不等式两端差异性太大, 考虑变形, 只需证明 $(1+x)\mathrm{e}^{-x} \geqslant (1-x)\mathrm{e}^x$.

记 $h(x)=(1+x)\mathrm{e}^{-x}-(1-x)\mathrm{e}^x$, 则 $h'(x)=x(\mathrm{e}^x-\mathrm{e}^{-x})$. 当 $x\in[0,1]$ 时, $h'(x) \geqslant 0$, 因此 $h(x)$ 在 $[0,1]$ 上是增函数, 故 $h(x) \geqslant h(0)=0$, 于是 $f(x) \geqslant 1-x$, $x\in[0,1]$.

要证 $x\in[0,1]$ 时, $(1+x)\mathrm{e}^{-2x} \leqslant \dfrac{1}{1+x}$, 不等式两端有乘积, 形式又有分母, 太复杂, 考虑

变形,变形为$(1+x)^2 \leqslant e^{2x}$,只需证明$1+x \leqslant e^x$.

记$k(x)=e^x-x-1$,则$k'(x)=e^x-1$.当$x \in [0,1]$时,$k'(x) \geqslant 0$,因此$k(x)$在$[0,1]$上是增函数,故$k(x) \geqslant k(0)=0$,于是$f(x) \leqslant \dfrac{1}{1+x}, x \in [0,1]$.

综上所述,$1-x \leqslant f(x) \leqslant \dfrac{1}{1+x}, x \in [0,1]$.

点评 利用导数证明不等式恒成立,观察代数式结构,出现乘积形式和分式等时,变形消元或利用换元简化,再加以证明.

代数式简化的方式一般是移项、去分母、开方等运算.

5.2 推理与证明举例

从个别想到一般,从特殊想到普遍,是数学家看问题的基本方法.知道$4+5=5+4$,又知道了$8+7=7+8$,就要想到加法交换律,想到$a+b=b+a$.

会解方程$3x+2=0$了,就要想到方程$ax+b=0$怎么解.一次方程会解了,就要想到二次方程、三次方程怎么解.

知道三角形内角和是$180°$,就要想四边形、五边形、六边形内角和是多少.

知道鸡会生蛋,就要想鸭子会不会生蛋,麻雀会不会生蛋,进而想到鸟类都会生蛋.

5.2.1 归纳推理

归纳推理是指通过对特例的分析来引出普遍结论的一种推理形式.它由推理的前提和结论两部分构成:前提是若干已知的个别事实,是个别或特殊的判断、陈述;结论是从前提中通过推理而获得的猜想,是普遍性的陈述、判断.归纳法又分为完全归纳法和不完全归纳法.

归纳推理的一般步骤如下:

① 对有限的资料进行观察、分析、归纳、整理;

② 提出带有规律性的结论,即猜想;

③ 检验猜想.

例5.10 设数列$\{a_n\}$满足$a_{n+1}+(-1)^n a_n=2n-1$,则数列$\{a_n\}$前60项和为_____.

分析 递推式中含有$(-1)^n$,不容易把恒等式转化为常规可求通项的基本数列,先进行实验:

$n=1$时,$a_2-a_1=1, a_2=1+a_1$.

$n=2$ 时, $a_3+a_2=3, a_3=2-a_1$.

$n=3$ 时, $a_4-a_3=5, a_4=7-a_1$.

$n=4$ 时, $a_5+a_4=7, a_5=a_1$.

由此得到 $a_1+a_2+a_3+a_4=10$. 继续实验.

$n=5$ 时, $a_6-a_5=9, a_6=9+a_1$.

$n=6$ 时, $a_7+a_6=11, a_7=2-a_1$.

$n=7$ 时, $a_8-a_7=13, a_8=15-a_1$.

$n=8$ 时, $a_9+a_8=15, a_9=a_1$.

由此得到 $a_5+a_6+a_7+a_8=26$.

同法可得 $a_9+a_{10}+a_{11}+a_{12}=42$.

归纳得到:将数列每四项相加得到一个新数列,即首项为 10,公差为 16 的等差数列. 所以

$$a_1+a_2+a_3+a_4+a_5+\cdots+a_{60}$$
$$=(a_1+a_2+a_3+a_4)+(a_5+a_6+a_7+a_8)+\cdots+(a_{57}+a_{58}+a_{59}+a_{60})$$
$$=\frac{[10+(10+16\times 14)]\times 15}{2}=1830,$$

故前 60 项和为 1830.

点评 研究前几项是处理数列问题的首选,归纳推理一般不可靠,结合数学归纳法证明是一般的手法.

1. 不完全归纳法

要研究的对象组成一个集合,现在我们只考查集合中有限的几个元素就得出结论,这是不完全归纳法.

例 5.11 数列 $\{a_n\}$ 满足 $a_1=2, a_{n+1}=\dfrac{1+a_n}{1-a_n}, n\in\mathbf{N}^*$. 记 $T_n=a_1a_2\cdots a_n$, 则 T_{2010} 等于 _____.

分析 条件已知首项和递推公式,可研究下前 n 项.

$$a_1=2, \quad a_2=-3, \quad a_3=-\frac{1}{2}, \quad a_4=\frac{1}{3}, \quad a_5=2,$$

由此归纳出数列 $\{a_n\}$ 是周期为 4 的周期数列,

$$T_{2010}=a_1a_2\cdots a_{2009}a_{2010}=a_1a_2=-6.$$

点评 数列问题,从研究前几项入手,归纳出数列性质是个不错的选择.

例 5.12 在正 2006 边形中,与所有边均不平行的对角线的条数为( ).

A. 2006   B. 1003^2 C. 1003^2-1003 D. 1003^2-1002

分析 研究问题,数量太大,先将问题一般化,研究正 n 边形中,与所有边均不平行的对

角线的条数 $f(n)$，此数列问题可从研究前 n 项开始. 由于 2006 为偶数，令 $n=4$，如图 5.4 所示，$f(4)=2=2^2-2$. 令 $n=6$，如图 5.5 所示，$f(6)=6=3^2-3$. 由此猜测 $f(2006)=1003^2-1003$，故选 C.

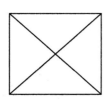
图 5.4

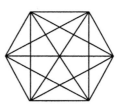
图 5.5

点评 有关自然数问题，一般可转化为数列问题，数列问题一般从研究前 n 项入手.

例 5.13 （山东理 15）设函数 $f(x)=\dfrac{x}{x+2}(x>0)$，观察：

$$f_1(x)=f(x)=\frac{x}{x+2},$$

$$f_2(x)=f(f_1(x))=\frac{x}{3x+4},$$

$$f_3(x)=f(f_2(x))=\frac{x}{7x+8},$$

$$f_4(x)=f(f_3(x))=\frac{x}{15x+16},$$

……

根据以上事实，由归纳推理可得当 $n\in\mathbf{N}^*$ 且 $n\geqslant 2$ 时，$f_n(x)=f(f_{n-1}(x))=$ _____.

分析 方法一 观察前 4 项，统一的是分子为 x，分母为一次式且常数项比一次项系数大 1，得 $f_n(x)=\dfrac{x}{a_n x+b_n}$，着重研究常数项 $b_n:2,4,8,16$，根据前 4 项归纳得 $b_n=2^n$，故

$$f_n(x)=\frac{x}{(2^n-1)x+2^n}.$$

点评 对几个式子进行归纳，首先寻找它们之间的共同点，然后寻找各自的内部规律，最后对各个式子的局部加以研究，提炼为一般的数列问题.

方法二 令 $a_1=f(x)$，$a_n=f_n(x)$，则

$$a_n=f(a_{n-1})=\frac{a_{n-1}}{a_{n-1}+2}\quad(n\geqslant 2).$$

观察为分式结构，考虑倒数. 则 $\dfrac{1}{a_n}=\dfrac{2}{a_{n-1}}+1$，变形为

$$\frac{1}{a_n}+1=2\left(\frac{1}{a_{n-1}}+1\right),$$

即

$$\frac{1}{a_n} + 1 = 2^{n-1}\left(\frac{1}{a_1} + 1\right),$$

亦即

$$\frac{1}{a_n} + 1 = 2^{n-1}\left(\frac{1}{f(x)} + 1\right),$$

得到

$$a_n = \frac{f(x)}{(2^{n-1} - 1)f(x) + 2^{n-1}},$$

则

$$f_n(x) = \frac{f(x)}{(2^{n-1} - 1)f(x) + 2^{n-1}} = \frac{\dfrac{x}{x+2}}{(2^{n-1} - 1)\dfrac{x}{x+2} + 2^{n-1}}$$

$$= \frac{x}{(2^n - 1)x + 2^n}.$$

点评 研究按照一定次序排列的一列数就是数列问题.

2. 完全归纳法

如果考查了集合中的每一个元素,再得出结论,这就是完全归纳法.

例 5.14 证明:函数 $f(x) = x^6 - x^3 + x^2 - x + 1$ 的值恒为正数.

分析 当 $x < 0$ 时,$f(x)$ 各项都是正数,即 $f(x) > 0$.

当 $0 \leqslant x \leqslant 1$ 时,$f(x) = x^6 + x^2(1-x) + (1-x) > 0$.

当 $x > 1$ 时,$f(x) = x^3(x^3 - 1) + x(x-1) + 1 > 0$.

综上所述,函数 $f(x)$ 的值恒为正数.

点评 完全归纳法也叫枚举法,枚举时要根据条件与结论的特征,有针对性地分类,这样得到的结论就是可靠的.

5.2.2 类比推理

类比推理就是由两个对象的某些相同或相似的性质,推断它们在其他性质上也有可能相同或相似的一种推理形式.

类比是一种推理方法,根据两种事物在某些特征上的相似,做出它们在其他特征上也可能相似的结论,如光和声都是直线传播,有反射、折射和干涉现象等,由于声音呈波动状态,因而推出光也是呈波动状态.类比推理是一种或然性的推理,其结论是否正确还有待实践证明.

类比的模式:

A 具有性质 a,b,c,d.

B 具有性质 a',b',c', 分别与 a,b,c 相似.

B 可能具有性质 d',d' 与 d 相似.

1. 降维类比

将三维空间的对象降到二维(或一维)空间中的对象,这种类比方法即为降维类比.

例 5.15 (2009 茂名一模文)在长方形中,设一条对角线与其一顶点出发的两条边所成的角分别是 α,β,则有 $\cos^2\alpha+\cos^2\beta=$ _____. 类比到空间,在长方体中,一条对角线与从某一顶点出发的三条棱所成的角分别是 α,β,γ,则有正确的式子是 _____.

分析 如图 5.6 所示,长方形中基本量长为 x,宽为 y,则

$$\cos\alpha=\frac{x}{\sqrt{x^2+y^2}},\quad \cos\beta=\frac{y}{\sqrt{x^2+y^2}},$$

所以 $\cos^2\alpha+\cos^2\beta=1$ 为两角余弦的平方和. 类比到长方体中,如图 5.7 所示,三角余弦的平方和 $\cos^2\alpha+\cos^2\beta+\cos^2\gamma=1$.

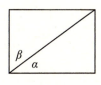
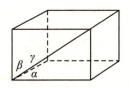

图 5.6   图 5.7

点评 两类物类比,要把握相同的与改变的地方,三维一般在二维基础上多增加同形式的量.

2. 结构类比

某些待解决的问题没有现成的类比物,但可通过观察,凭借结构上的相似性等寻找类比问题,然后通过适当的代换,将原问题转化为类比问题来解决.

① 等差数列与等比数列的类比.

例 5.16 (2000 年上海卷)在等差数列 $\{a_n\}$ 中,若 $a_{10}=0$,则有等式 $a_1+a_2+\cdots+a_n=a_1+a_2+\cdots+a_{19-n}$ $(n<19,n\in \mathbf{N}^*)$ 成立,类比上述性质,相应地:在等比数列 $\{b_n\}$ 中,若 $b_9=1$,则有等式 _____ 成立.

分析 本题考查等差数列与等比数列的类比. 一种较本质的认识是:

等差数列→用减法定义→性质用加法表述(若 $m,n,p,q\in \mathbf{N}^*$,且 $m+n=p+q$,则 $a_m+a_n=a_p+a_q$);

等比数列→用除法定义→性质用乘法表达(若 $m,n,p,q\in \mathbf{N}^*$,且 $m+n=p+q$,则 $a_m \cdot a_n=a_p \cdot a_q$).

再考查数量上的改变,由等差数列中的 $a_{10}=0$ 推出数字 $19=2\times10-1$.

类比到等比数列中,由 $b_9=1$ 推出数字 $9\times2-1=17$,所以

$$b_1b_2\cdots b_n=b_1b_2\cdots b_{17-n} \quad (n<17, n\in \mathbf{N}^*).$$

点评 本题是一道小巧而富于思考的妙题,主要考查观察分析能力、抽象概括能力,考查运用类比的思想方法由等差数列 $\{a_n\}$ 而得到等比数列 $\{b_n\}$ 的新的一般性的结论.

② 三角恒等式中的类比.

例 5.17 已知 λ 为非零常数,$x\in\mathbf{R}$,且 $f(x+\lambda)=\dfrac{1+f(x)}{1-f(x)}$,问 $f(x)$ 是否为周期函数? 若是,求出它的一个周期,若不是,请说明理由.

分析 由于探求的是周期函数问题,容易联想到三角函数. 又 $f(x+\lambda)=\dfrac{1+f(x)}{1-f(x)}$ 的结构形式易与 $\tan\left(x+\dfrac{\pi}{4}\right)=\dfrac{1+\tan x}{1-\tan x}$ 进行类比,故可把 $\tan x$ 看成是 $f(x)$ 的一个原型实例,且题中 λ 相当于实例中 $\dfrac{\pi}{4}$. 由于周期函数 $\tan x$ 的周期 $T=\pi=4\cdot\dfrac{\pi}{4}$,故可猜想 $f(x)$ 也为周期函数且 $T=4\lambda$.

$$f(x+4\lambda)=f((x+3\lambda)+\lambda)=\dfrac{1+f(x+3\lambda)}{1-f(x+3\lambda)}=-\dfrac{1}{f(x+2\lambda)}$$

$$=-\dfrac{1-f(x+\lambda)}{1+f(x+\lambda)}=f(x),$$

故 $f(x)$ 是以 4λ 为周期的周期函数.

点评 相似的结构形式,可能会有相同的性质. 解题中寻找到类比对象会为探索问题开拓思路.

例 5.18 求函数 $y=\dfrac{x-x^3}{2(x^4+2x^2+1)}$ 的值域.

分析 原函数变形为

$$y=\dfrac{1}{4}\cdot\dfrac{2x}{1+x^2}\cdot\dfrac{1-x^2}{1+x^2},$$

从形式上联想到三角公式,令 $x=\tan\alpha$,$\alpha\in\left(-\dfrac{\pi}{2},\dfrac{\pi}{2}\right)$,则 $y=\dfrac{1}{8}\sin4\alpha$,故值域为 $\left(-\dfrac{1}{8},\dfrac{1}{8}\right)$.

点评 代数式变形中,有些结构可类比到三角恒等式,例如 $\sin^2\alpha+\cos^2\alpha=1$,$\dfrac{2\tan\alpha}{1-\tan^2\alpha}=\tan2\alpha$,$\dfrac{1-\tan^2\alpha}{1+\tan^2\alpha}=\cos2\alpha$,$\dfrac{2\tan\alpha}{1+\tan^2\alpha}=\sin2\alpha$ 等,利用它们进行三角换元可达到简化代数式的目的.

3. 简化类比

简化类比,就是将原命题类比到比原命题简单的类比命题,通过类比命题的解决思路和方法的启发,寻求原命题的解决思路与方法,比如可先将多元问题类比为少元问题,高次问题类比为低次问题,普遍问题类比为特殊问题等.

例 5.19 已知 $x^4 + y^2 = 1$,则下列结论正确的是_____.

① 它的图像关于 x 轴对称;
② 它的图像关于原点对称;
③ 它的图像是一个封闭图形,其面积大于 π;
④ 它的图像是一个封闭图形,其面积小于 π.

分析 对于①②的判断,可直接类比到椭圆 $\dfrac{x^2}{a^2} + \dfrac{y^2}{b^2} = 1$ 中对称性的判断,对于点 $(x,y),(x,-y)$ 同时代入,方程不变,所以图像关于 x 轴对称;对于点 $(x,y),(-x,-y)$ 同时代入,方程不变,所以图像关于原点对称.

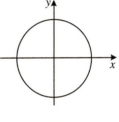

图 5.8

观察方程 $x^4 + y^2 = 1$,作简化类比到 $x^2 + y^2 = 1$(它的面积为 π),如图 5.8 所示,先作图 $x^2 + y^2 = 1$,上面取点 $\left(\dfrac{1}{2}, \dfrac{\sqrt{3}}{2}\right)$. 对于方程 $x^4 + y^2 = 1$,令 $y = \dfrac{\sqrt{3}}{2}$,则 $x^4 = \dfrac{1}{4}$,$x^2 = \dfrac{1}{2}$,$x = \pm\dfrac{\sqrt{2}}{2}$,故点 $\left(\dfrac{\sqrt{2}}{2}, \dfrac{\sqrt{3}}{2}\right)$ 在圆外,所以圆 $x^2 + y^2 = 1$ 在曲线 $x^4 + y^2 = 1$ 内部,封闭图形面积大于 π,故选①②③.

点评 本题通过将高次方程 $x^4 + y^2 = 1$ 简化类比到低次方程 $x^2 + y^2 = 1$ 来解决问题. 两曲线图形比较大小时,可取得 y 值,再定位两曲线上的点来进行.

5.2.3 演绎推理

演绎推理就是从一般性的前提出发,通过推导即"演绎",得出具体陈述或个别结论的过程.

① 演绎推理是从一般到特殊的推理;
② 它是前提蕴涵结论的推理;
③ 它是前提与结论之间具有必然联系的推理;
④ 演绎推理就是前提与结论之间具有充分条件或充要条件联系的必然性推理.

演绎推理的一般模式是"三段论",其中第一段称为"大前提",第二段称为"小前提",第三段称为"结论".

1. 新定义中的演绎推理

例 5.20 （天津理 4）对实数 a 和 b，定义运算"$\otimes$"：$a \otimes b = \begin{cases} a & (a-b \leq 1), \\ b & (a-b > 1). \end{cases}$ 设函数 $f(x) = (x^2-2) \otimes (x-x^2)(x \in \mathbf{R})$. 若函数 $y = f(x) - c$ 的图像与 x 轴恰有两个公共点，则实数 c 的取值范围是（　　）.

A. $(-\infty, -2) \cup \left(-1, \dfrac{3}{2}\right)$ B. $(-\infty, -2) \cup \left(-1, -\dfrac{3}{4}\right)$

C. $\left(-1, \dfrac{1}{4}\right) \cup \left(\dfrac{1}{4}, +\infty\right)$ D. $\left(-1, -\dfrac{3}{4}\right) \cup \left[\dfrac{1}{4}, +\infty\right)$

分析 新定义中代表元为 a, b，演绎到 $f(x)$ 中只要令 $a = x^2 - 2, b = x - x^2$，即得

$$f(x) = \begin{cases} x^2 - 2 & (x^2 - 2 - (x - x^2) \leq 1), \\ x - x^2 & (x^2 - 2 - (x - x^2) > 1), \end{cases}$$

简化得

$$f(x) = \begin{cases} x^2 - 2 & \left(-1 \leq x \leq \dfrac{3}{2}\right), \\ x - x^2 & \left(x < -1 \text{ 或 } x > \dfrac{3}{2}\right). \end{cases}$$

作出分段函数的图像，如图 5.9 所示. 因此 $c \leq -2$ 或 $-1 < c < -\dfrac{3}{4}$，故选 B.

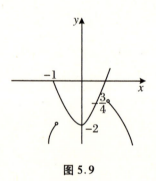

图 5.9

点评 对定义进行演绎推理，只要找到代表元，在具体问题中用对应部分代替代表元即可.

2. 不等式中的演绎推理

三段论推理（换元演绎）：

例 5.21 我们将具有下列性质的所有函数组成集合 M：函数 $y = f(x)(x \in D)$，对任意 $x, y, \dfrac{x+y}{2} \in D$ 均满足 $f\left(\dfrac{x+y}{2}\right) \geq \dfrac{1}{2}[f(x) + f(y)]$，当且仅当 $x = y$ 时等号成立.

(1) 若定义在$(0,+\infty)$上的函数$f(x) \in M$,试比较$f(3)+f(5)$与$2f(4)$的大小.

(2) 设函数$g(x) = -x^2$,求证:$g(x) \in M$.

分析 (1) 对于$f\left(\dfrac{x+y}{2}\right) \geqslant \dfrac{1}{2}[f(x)+f(y)]$,令$x=3,y=5$得$f(3)+f(5) \leqslant 2f(4)$.

(2) 因为
$$g\left(\dfrac{x_1+x_2}{2}\right) - \dfrac{1}{2}[g(x_1)+g(x_2)] = -\dfrac{(x_1+x_2)^2}{4} + \dfrac{x_1^2+x_2^2}{2}$$
$$= \dfrac{(x_1-x_2)^2}{4} \geqslant 0,$$

所以
$$g\left(\dfrac{x_1+x_2}{2}\right) \geqslant \dfrac{1}{2}[g(x_1)+g(x_2)],$$

故$g(x) \in M$.

点评 根据一般性结论进行演绎推理,获得特殊性结论.

例 5.22 若函数$f(x)$在区间D上是凸函数,则对于区间D内的任意$x_1, x_2, \cdots, x_n$都有$\dfrac{f(x_1)+f(x_2)+\cdots+f(x_n)}{n} \leqslant f\left(\dfrac{x_1+x_2+\cdots+x_n}{n}\right)$. 若$y=\sin x$在区间$(0,\pi)$上是凸函数,那么在$\triangle ABC$中,$\sin A + \sin B + \sin C$的最大值是_____.

分析 $\sin A + \sin B + \sin C \leqslant 3\sin\dfrac{A+B+C}{3} = 3\sin\dfrac{\pi}{3} = \dfrac{3\sqrt{3}}{2}$.

点评 根据结论中的任意性作代入操作.

5.2.4 数学证明

数学证明就是应用逻辑方法来判断数学命题真实性的过程.这个有待判断真实性的命题叫论题;证明过程往往表述为一系列的推理;其依据叫作论据,可作为论据的是本论题的题设、已建立的概念、公理和已证明了的真实命题.

数学证明是由这样的程序组成的:肯定一个公式;肯定这个公式蕴涵着另一个公式;肯定这第二个公式.一系列这样的步骤,其中所肯定的公式或蕴涵关系都是前面的公理或结论,这就构成了一个定理的证明.还有一个许可的运算,就是用一个符号去替代另一个或一组符号.这样,公式的推导就是把操作符号的法则运用到前面已经建立了的公式上去.

数学中常用的证明方法分为直接证法与间接证法两大类.

直接证法:顾名思义是直接来证明论题的真实性,即由论题的题设,根据已知的定义、公理、定理,经过一系列推理,直接得出结论.可表示如下:

$$\left.\begin{array}{l}\text{本题条件(已知)}\\ \text{已知定义}\\ \text{已知公理}\\ \text{已知定理(公式)}\end{array}\right\} \Rightarrow A \Rightarrow B \Rightarrow \cdots \Rightarrow \text{结论(求证)}.$$

直接证法一般分为综合法与分析法,间接证法将在第6章6.4.2节中涉及.

解题过程是一个已知与未知统一的过程.由于问题的综合性强,已知与未知之间的"距离"往往较远,这就需要已知"向前走几步"——由已知想可知,即揭示条件的本质,以及由条件可以获得的结果.这就是综合.另一方面,结论"向后退几步"——由未知想须知,转化、分解任务,以便使用条件,这就是分析.就好比,别人给你东西,你应该伸手(甚至走几步)主动去接.一个前进,一个后退,大家在路上见面,实现统一.这就是分析与综合方法的体现.在小学、初中阶段,由于已知与未知之间距离不大,这种方法用得少,但是,在高中阶段,随着问题综合程度的加大,复杂程度提高,分析与综合显得更为常用,也更为重要.

怎么去综合?怎么去分析?在这个过程中,将考验考生对知识的熟悉程度、迁移能力、对方法的正确选择、使用能力,以及所需要的各种技能(比如,要数与形相结合,会绘制图形、图像很重要),也就是分析问题、解决问题的能力提高了,逻辑思维能力提高了.这里还与良好的思维习惯有关,是对综合素养的考量.

以上过程考验学生的基本数学素养.

数学中的证明大多采用直接证法,而且表达过程也如上所示.这种"由因导果"的方法通常称为综合法.不过证明的表达,只是数学思维活动的结果,而思考时的推理过程并非都是如此,也可以是"执果索因",即通常所称的分析法.即使是用综合法思考,其过程也往往比如上所示的复杂得多.一般地,要证明条件命题"若 A 则 D",大多有两种思考顺序,我们把这两种思考顺序图解如图 5.10 所示.

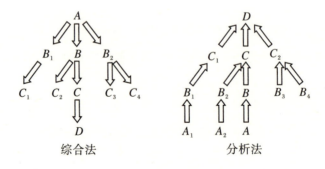

图 5.10

1. 分析法

例 5.23 已知函数 $f(x)=xe^{-x}(x\in\mathbf{R})$.

(1) 求函数 $f(x)$ 的单调区间和极值.

(2) 已知函数 $g(x)$ 的图像与函数 $y=f(x)$ 的图像关于直线 $x=1$ 对称,证明:当 $x>1$ 时,$f(x)>g(x)$.

(3) 如果 $x_1 \neq x_2$ 且 $f(x_1)=f(x_2)$,证明:$x_1+x_2>2$.

分析 (1) 直接处理,$f(x)$ 在 $(-\infty,1)$ 内单调递增,在 $(1,+\infty)$ 内单调递减,故 $f(x)$ 在 $x=1$ 处取到极大值.

(2) 条件中有两个函数,根据图像关于 $x=1$ 对称,可转化为 $g(x)=f(2-x)$. 结论中含两个函数,消元一个,等价转化为 $x>1, f(x)>f(2-x)$,即 $\forall x>1, xe^{-x}>(2-x)e^{x-2}$,此不等式左右两端结构相似,已无法有效变形.

恒成立问题转化为最值问题,令 $F(x)=xe^{-x}+(x-2)e^{x-2}$,则
$$F'(x)=(x-1)(e^{2x-2}-1)e^{-x}.$$
当 $x>1$ 时,$2x-2>0, e^{2x-2}-1>0$. 又 $e^{-x}>0$,所以 $F'(x)>0, F(x)$ 在 $(1,+\infty)$ 内单调递增. 又 $F(1)=0, x>1 \Rightarrow F(x)>F(1)=0$,故 $f(x)>g(x)$.

(3) 条件为 $x_1 \neq x_2, f(x_1)=f(x_2)$,结论为 $x_1+x_2>2$.

由于条件与结论中,x_1 与 x_2 对称,不妨设 $x_1<x_2$,显然 $x_2>1$. 根据条件 $f(x_1)=f(x_2)$,若 $x_1>1$,则由 $f(x)$ 在 $(1,+\infty)$ 上单调递增可得 $x_1=x_2$ 矛盾,所以 $x_1<1, x_2>2-x_1$,得 $2-x_1>1$.

要证 $x_1+x_2>2$,只需证 $x_1>2-x_2$. 由于 $f(x)$ 在 $(-\infty,1)$ 上单调递增,所以 $f(x_1)>f(2-x_2)$. 又 $f(x_1)=f(x_2), f(2-x_2)=g(x_2)$,故只证 $f(x_2)>g(x_2)$. 由(2)可知当 $x_2>1$ 时,$f(x_2)>g(x_2)$ 显然成立.

点评 从结论出发,寻找要得到结论的充分条件,并注意对代数式的变形和消元,最后得到容易证明的结论,并证明它.

分析结论,也要留意前面小题的铺垫,以及结构与形式的提示.

2. 综合法

(1) 四则证明

例 5.24 设 x,y,z 为正数,求证:$2(x^3+y^3+z^3) \geq x^2(y+z)+y^2(x+z)+z^2(x+y)$.

证明 因为 $x^2+y^2 \geq 2xy>0$,所以
$$x^3+y^3=(x+y)(x^2-xy+y^2) \geq xy(x+y).$$

同理
$$y^3+z^3 \geq yz(y+z), \quad z^3+x^3 \geq zx(z+x).$$

三式相加即可得
$$2(x^3+y^3+z^3) \geq xy(x+y)+yz(y+z)+zx(z+x).$$

又因为

$$xy(x+y)+yz(y+z)+zx(z+x) = x^2(y+z)+y^2(x+z)+z^2(x+y),$$

所以

$$2(x^3+y^3+z^3) \geqslant x^2(y+z)+y^2(x+z)+z^2(x+y).$$

点评 利用综合法证明不等式时,应注意对已证不等式的使用,常用的不等式有:

① $a^2 \geqslant 0$;

② $|a| \geqslant 0$;

③ $a^2+b^2 \geqslant 2ab$,它的变形形式又有 $(a+b)^2 \geqslant 4ab$,$\dfrac{a^2+b^2}{2} \geqslant \left(\dfrac{a+b}{2}\right)^2$ 等;

④ $\dfrac{a+b}{2} \geqslant \sqrt{ab}$ ($a \geqslant 0, b \geqslant 0$).

(2) 传递性证明

例 5.25 设函数 $f(x) = e^x - \ln(x+1)$.

(1) 求函数 $f(x)$ 的最小值;

(2) 已知 $0 \leqslant x_1 < x_2$,求证:$e^{x_2-x_1} > \ln \dfrac{e(x_2+1)}{x_1+1}$.

分析 (1) 函数 $f(x)$ 的定义域为 $\{x \mid x > -1\}$,$f'(x) = e^x - \dfrac{1}{x+1}$.

当 $-1 < x < 0$ 时,因为 $\dfrac{1}{x+1} > 1 > e^x$,所以 $e^x - \dfrac{1}{x+1} > 0$,即 $f'(x) < 0$,故 $f(x)$ 在 $(-1, 0)$ 上单调递减.

当 $x > 0$ 时,$e^x > 1 > \dfrac{1}{x+1}$,所以 $e^x - \dfrac{1}{x+1} > 0$,即 $f'(x) > 0$,故 $f(x)$ 在 $(0, +\infty)$ 上单调递增.

当 $x = 0$ 时,$f(x)$ 取得最小值 1.

(2) 先分析(1)中的结论知,当 $x \geqslant 0$ 时,$e^x - \ln(x+1) \geqslant 1$.

研究结论,已知 $0 \leqslant x_1 < x_2$,求证:$e^{x_2-x_1} > \ln \dfrac{e(x_2+1)}{x_1+1}$,等价于

$$e^{x_2-x_1} > 1 + \ln(x_2+1) - \ln(x_1+1).$$

对照条件与结论,将(1)结论中的 x 替换为 x_2-x_1,可得到当 $0 \leqslant x_1 < x_2$ 时,$e^{x_2-x_1} > \ln(x_2-x_1+1)+1$.所以要得到结论,只要证

$$\ln(x_2-x_1+1) > \ln(x_2+1) - \ln(x_1+1),$$

等价于

$$x_2-x_1+1 > \dfrac{x_2+1}{x_1+1},$$

等价于

$$(x_2-x_1+1)(x_1+1) > x_2+1,$$

等价于

$$x_1x_2 - x_1^2 > 0,$$

即 $x_2 > x_1$,显然成立.

故当 $0 \leqslant x_1 < x_2$ 时,$e^{x_2-x_1} > \ln\dfrac{e(x_2+1)}{x_1+1}$ 成立.

点评 利用传递性推理,$a > b$,$b > c$,所以 $a > c$.

第(2)问的证明一般可考虑利用第(1)问的结论.

(3) 差异性分析

我们不知道已知与未知之间有什么样的本质联系,题目不会做,那么我们就观察现象,看条件与结论之间变量的差异性、次数的差异性、运算的差异性、结构的差异性,然后找寻消除差异性的方法.

例 5.26 数列 $\{a_n\}$,$\{b_n\}$ 的定义是 $a_1 = 1$,$b_1 = 2$,$a_{n+1} = \dfrac{1 + a_n + a_n b_n}{b_n}$,$b_{n+1} = \dfrac{1 + b_n + a_n b_n}{a_n}$. 求证:$a_{2013} < 5$.

分析 观察条件 $a_{n+1} = \dfrac{1 + a_n + a_n b_n}{b_n}$ 的次数,左右没有齐次性,考虑对分式倒数变形.

由 $a_{n+1} = \dfrac{1 + a_n + a_n b_n}{b_n}$,得

$$a_{n+1} + 1 = \dfrac{(1+a_n)(1+b_n)}{b_n},$$

从而

$$\dfrac{1}{a_{n+1}+1} = \dfrac{b_n}{(1+a_n)(1+b_n)};$$

同理,由 $b_{n+1} = \dfrac{1 + b_n + a_n b_n}{a_n}$,得

$$b_{n+1} + 1 = \dfrac{(1+a_n)(1+b_n)}{a_n},$$

从而

$$\dfrac{1}{b_{n+1}+1} = \dfrac{a_n}{(1+a_n)(1+b_n)}.$$

观察条件中两个递推式的结构对称一致,一般处理也是同样——作差,得

$$\dfrac{1}{a_{n+1}+1} - \dfrac{1}{b_{n+1}+1} = \dfrac{1}{a_n+1} - \dfrac{1}{b_n+1}.$$

观察条件与结论中出现变量,两个数列 $\{a_n\}$,$\{b_n\}$,结论中只出现 a_{2013},考虑将条件中出现的 $\{b_n\}$ 消去,故

$$\dfrac{1}{a_n+1} - \dfrac{1}{b_n+1} = \dfrac{1}{a_{n-1}+1} - \dfrac{1}{b_{n-1}+1}$$
$$= \cdots$$

$$= \frac{1}{a_1+1} - \frac{1}{b_1+1}$$
$$= \frac{1}{2} - \frac{1}{3} = \frac{1}{6}.$$

因为 $b_n > 0, n \in \mathbf{N}^*$,所以 $\frac{1}{a_n+1} > \frac{1}{6}$,即 $a_n < 5$,显然 $a_{2013} < 5$.

点评 找到条件与结论的差异性,并用适当的手法消除,一般解题也就成功了.

(4) 推理结构分析

① 由等式推出等式.

例5.27 已知 $\cos A = \cos x \sin C, \cos B = \sin x \sin C$,求 $\sin^2 A + \sin^2 B + \sin^2 C$ 的值.

分析 由已知得

$$\frac{\cos^2 A}{\sin^2 C} = \cos^2 x,$$

$$\frac{\cos^2 B}{\sin^2 C} = \sin^2 x,$$

两式相加得

$$\frac{\cos^2 A}{\sin^2 C} + \frac{\cos^2 B}{\sin^2 C} = 1,$$

即

$$\cos^2 A + \cos^2 B = \sin^2 C.$$

所以

$$1 - \sin^2 A + 1 - \sin^2 B = \sin^2 C,$$

即

$$\sin^2 A + \sin^2 B + \sin^2 C = 2.$$

点评 当条件中的角多于一个,而结论中的角只有一个时,需要利用同角三角函数的关系进行消元.

② 由等式推出不等式.

例5.28 已知 $a > c$ 且 $ab + bc - ca = b^2 + 3$,则 $\frac{(a-c)^2+1}{a-c}$ 的最小值为 _____.

分析 条件 $ab + bc - ca = b^2 + 3$ 为三元二次方程,目标研究的是 a, c,与 b 无关,将 a, c 当已知,即 a, c 固定,b 当变元,则方程为关于 b 的一元二次方程,它有解.

原方程为 $b^2 - (a+c)b + ac + 3 = 0$,所以

$$\Delta = (a+c)^2 - 4(ac+3) = (a-c)^2 - 12 \geqslant 0.$$

又 $a > c$,所以 $a - c \geqslant 2\sqrt{3}$. 令 $t = a - c, t \geqslant 2\sqrt{3}$.

目标 $\frac{(a-c)^2+1}{a-c} = \frac{t^2+1}{t} = t + \frac{1}{t} \geqslant 2, y = t + \frac{1}{t}$ 在 $[2\sqrt{3}, +\infty)$ 内递增,所以 $t = 2\sqrt{3}$ 时 y 取最小值,即

$$y_{\min} = 2\sqrt{3} + \frac{1}{2\sqrt{3}} = 2\sqrt{3} + \frac{\sqrt{3}}{6} = \frac{13}{6}\sqrt{3}.$$

点评 变元 b 未在结论中出现,所以只需研究关于 b 的方程,b 对结论中出现的变元 a,c 有制约作用.

已知 $\dfrac{x}{y} = m$,可以计算的结论为一次齐次分式 $\dfrac{ax+by}{cx+dy}$,二次齐次分式 $\dfrac{a_1 x^2 + a_2 xy + a_3 y^2}{b_1 x^2 + b_2 xy + b_3 y^2}$.

例 5.29 已知函数 $f(x) = ax^2 - e^x (a \in \mathbf{R})$,若 $f(x)$ 有两个极值点 $x_1, x_2 (x_1 < x_2)$,证明:$-\dfrac{e}{2} < f(x_1) < -1$($e$ 是自然对数的底数).

分析 条件 $f(x)$ 有两极值点,转化为 $f'(x) = 0$ 有两解,研究 $f'(x) = 2ax - e^x = 0$,方程为二元方程.

问题转化为规划问题 $\begin{cases} 2ax_1 - e^{x_1} = 0, \\ 2ax_2 - e^{x_2} = 0, \\ x_1 < x_2 \end{cases}$,为限制条件,目标函数 $f(x_1) = ax_1^2 - e^{x_1}$.

利用 $2ax_1 - e^{x_1} = 0$ 这个等式,消元得 $f(x_1) = \dfrac{e^{x_1}}{2}(x_1 - 2)$.

由于消元考虑旧元 a 的限制,得 $0 < x_1 < 1$,$f(0) = -1$,$f(1) = -\dfrac{e}{2}$.

再研究其单调性,

$$f'(x_1) = \frac{1}{2}[e^{x_1}(x_1-2) + e^{x_1}] = \frac{1}{2}e^{x_1}(x_1-1), \quad 0 < x_1 < 1,$$

$f'(x_1) < 0$,所以 $f(x_1)$ 在 $(0,1)$ 内递减,于是 $-\dfrac{e}{2} < f(x_1) < -1$.得证.

点评 根据函数的极值点可推得函数的单调性.

例 5.30 正实数 x, y, z 满足 $9xyz + xy + yz + zx = 4$,求证:

(1) $xy + yz + zx \geqslant \dfrac{4}{3}$;

(2) $x + y + z \geqslant 2$.

分析 (1) 条件中出现的基本量为 xyz 和 $xy + yz + zx$,结论中出现的基本量为 $xy + yz + zx$,两个基本量代数结构分别为和与积,考虑使用三个数的算术平均数与几何平均数表示两者的不等关系.

记 $t = \sqrt{\dfrac{xy + yz + zx}{3}}$,由平均不等式

$$xyz = (\sqrt[3]{(xy)(yz)(zx)})^{\frac{2}{3}} \leqslant \left(\frac{xy + yz + zx}{3}\right)^{\frac{3}{2}},$$

有
$$4 = 9xyz + xy + yz + zx \leqslant 9t^3 + 3t^2,$$
所以
$$(3t-2)(3t^2+3t+2) \geqslant 0.$$

而 $3t^2+3t+2>0$，所以 $3t-2\geqslant 0$，即 $t\geqslant \dfrac{2}{3}$，从而 $xy+yz+zx\geqslant \dfrac{4}{3}$.

(2) 结论中的基本量是 $x+y+z$，考虑其与其他基本量的不等关系.

又因为 $(x+y+z)^2\geqslant 3(xy+yz+zx)$，所以 $(x+y+z)^2\geqslant 4$，故 $x+y+z\geqslant 2$.

③ 等式与不等式混合的问题.

例5.31 设 $a\in \mathbf{R}$，函数 $f(x)=\ln x-ax$，若 $f(x)$ 有两个不等零点 x_1,x_2，求证：$x_1x_2>\mathrm{e}^2$.

分析 条件 $f(x)$ 有两个不等零点转化为限制条件
$$\begin{cases} x_1>0, \\ x_2>0, \\ x_1\neq x_2, \\ \ln x_1-ax_1=0, \\ \ln x_2-ax_2=0, \end{cases}$$
目标函数为 x_1x_2.

碰到相似方程 $\ln x_1-ax_1=0$ 与 $\ln x_2-ax_2=0$，同等处理得
$$\ln x_1+\ln x_2=a(x_1+x_2)$$
和
$$\ln x_1-\ln x_2=a(x_1-x_2),$$
消元 a 得
$$\dfrac{\ln x_1x_2}{\ln \dfrac{x_1}{x_2}}=\dfrac{x_1+x_2}{x_1-x_2},$$
即
$$\ln x_1x_2=\dfrac{x_1+x_2}{x_1-x_2}\ln \dfrac{x_1}{x_2}.$$

此代数式中 $\dfrac{x_1+x_2}{x_1-x_2}$ 为分式齐次式，可利用其消元.

要证 $x_1x_2>\mathrm{e}^2$，只需证 $\ln x_1x_2>2$，不妨令 $x_1>x_2>0$.

只需证 $\ln \dfrac{x_1}{x_2}>2\dfrac{x_1-x_2}{x_1+x_2}$. 令 $t=\dfrac{x_1}{x_2}, t>1$.

只需证 $\ln t>2\dfrac{t-1}{t+1}$.

只需证 $(t+1)\ln t > 2(t-1)$.

令 $g(t) = (t+1)\ln t - 2(t-1)$,则
$$g'(t) = \ln t + \frac{t+1}{t} - 2 = \ln t + \frac{1}{t} - 1.$$

再令 $F(t) = \ln t + \frac{1}{t} - 1$,则
$$F'(t) = \frac{1}{t} - \frac{1}{t^2} = \frac{t-1}{t^2}.$$

因为 $t>1$,所以 $F'(t)>0$,故 $F(t)$ 在 $(1,+\infty)$ 内递增,于是 $F(t)>F(1)=0$.

因此 $g(t)$ 在 $(1,+\infty)$ 内递增,所以 $g(t)>g(1)=0$,即 $(t+1)\ln t > 2(t-1)$,于是 $x_1 x_2 > e^2$. 得证.

点评 在处理既有等式又有不等式的混合问题时,一般先进行等式处理,选择基本量、列方程、消元,再进行不等式的处理,一般不等式只使用一次.

数学之道,在于理解表达,在于结构分析,在于逻辑判断,在于观察、实验、归纳、推理.

数学是思维的体操,要提高学生的数学水平,离不开对其数学思维的培养.而数学推理能力是在学会观察和实验的基础上对数学问题进行深入研究的关键,掌握推理的模式,要学会正面思考、反面思考、举反例和结论反推四种常规模式,要能区分推理的结构如何,才能更有效地分析,最终让学生在解决数学问题上如虎添翼.

第6章 数学中的逻辑知识

逻辑是人的一种抽象思维,是人通过概念、判断、推理、论证来理解和区分客观世界的思维过程.逻辑思维的基本规律是同一律、矛盾律、排中律和充足理由律.在数学运用过程中,必须遵守这些思维的基本规律,掌握并运用这些规律进行正确思考,做到概念明确,判断恰当,推理有逻辑性,论述有说服力,这是培养与发展数学能力的基本前提与有效途径.

数学思维的特点如下:

① 思维的确定性表现为概念、判断和自身等同,这是同一律的要求;

② 思维的无矛盾性表现为分析思考过程中的前后一致,不自相矛盾,这是矛盾律的要求;

③ 思维的明确性表现为在两个互相矛盾的判断中排除中间的可能性,不能模棱两可,这是排中律的要求.

如果在进行逻辑思维时不遵守这些规律,思考过程中就必然会出现游离不定、自相矛盾和含混不清.

对于高中生而言,学习数学重要作用的逻辑内容有:

① 数学概念;

② 判断的意义和种类;

③ 数学命题;

④ 数学推理、证明;

⑤ 形式逻辑.

6.1 逻辑观念下的数学概念学习

6.1.1 数学概念的意义

数学概念是数学的逻辑起点,是学生认知的基础,是学生进行数学思维的核心,在数学学习与教学中具有重要地位.

反映事物本质属性的思维形式叫作概念.概念反映了事物的本质属性,也就反映了具有这种本质属性的事物.

学习数学概念要从概念的三种表示和建立概念的形象入手.

1. 函数的概念

文字表达:设 A,B 都是非空数集,如果按照某种确定的对应关系 f,使得对于集合 A 中的任意一个数 x,在集合 B 中都有唯一确定的数 $f(x)$ 和它对应,那么就称 $f:A \to B$ 为从集合 A 到集合 B 的一个函数,记作 $y=f(x)$,其中 $x \in A, y \in B$,集合 A 叫作函数 $f(x)$ 的定义域.若集合 C 是函数 $f(x)$ 的值域,显然有 $C \subseteq B$.

符号表达: $y=f(x), x \in A$.

图形表达:如图 6.1 所示,在直角坐标系内,对于在定义域内移动的与 x 轴垂直的直线,与图像有唯一交点.

函数的形象:带进口与出口的黑匣子,对于从进口进入黑匣子的任何 x,在出口都有一个唯一的 y 出来,如图 6.2 所示.

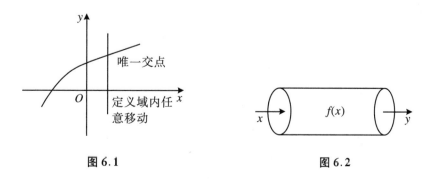

图 6.1　　　　　　　　图 6.2

例 6.1 设集合 $A = \{x \mid 0 \leqslant x \leqslant 6\}$,$B = \{y \mid 0 \leqslant y \leqslant 2\}$.下列对应关系 f 不是从 A 到 B 的函数的是( ).

A. $f : x \to y = \dfrac{1}{3}x$
B. $f : x \to y = \dfrac{1}{2}x$
C. $f : x \to y = \dfrac{1}{4}x$
D. $f : x \to y = \dfrac{1}{6}x$

分析 判断是否为函数,从文字定义入手,对于任意 A 中的元素,一一验证其对应值是否在集合 B 内.

A 选项,$\forall\, 0 \leqslant x \leqslant 6$,由 $y = \dfrac{1}{3}x$,得到 $0 \leqslant y \leqslant 2$,符合.

B 选项,$\forall\, 0 \leqslant x \leqslant 6$,由 $y = \dfrac{1}{2}x$,得到 $0 \leqslant y \leqslant 3$,不符合,故选 B.

点评 函数是特殊的映射,判断映射的关键是理解三个关键词——任意、存在和唯一.

2. 复合函数的概念

文字表达:设 $y = f(u)$ 的定义域为 D_t,值域为 M_t,函数 $t = g(x)$ 的定义域为 D_x,值域为 M_x,那么对于 D_x 内的任意一个 x 经过 t,有唯一确定的 y 值与之对应,因此变量 x 与 y 之间通过变量 t 形成一种函数关系.

符号表达:$F(x) = f(g(x))$,令 $t = g(x)$,$y = f(t)$,其中 x 为自变量,t 为中间变量,y 为因变量(即函数).

图像表达:图 6.3 为函数 $t = g(x)$ 的图像,图 6.4 为函数 $y = f(t)$ 的图像,其中 $t = g(x)$ 的值域作为函数 $y = f(t)$ 的定义域.

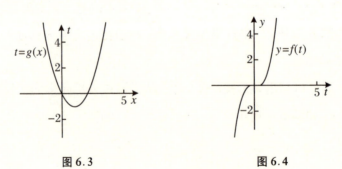

图 6.3　　　　　图 6.4

复合函数的形象:内外两个带有进出口的黑匣子,内部的出口就是外部的进口,如图 6.5 所示.

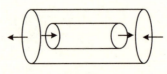

图 6.5

例6.2 设 $f(x)=\begin{cases} x^2 & (|x|\geqslant 1), \\ x & (|x|<1), \end{cases}$ $g(x)$ 是二次函数，若 $f(g(x))$ 的值域是 $[0,+\infty)$，则 $g(x)$ 的值域是( ).

A. $(-\infty,-1]\cup[1,+\infty)$ B. $(-\infty,-1]\cup[0,+\infty)$

C. $[0,+\infty)$ D. $[1,+\infty)$

分析 条件 $f(g(x))$ 的值域是 $[0,+\infty)$，出现了复合函数，进行内外分解，令 $t=g(x)$，其中 $f(t)$ 的值域是 $[0,+\infty)$，考虑复合函数的图像表达，作出图像 $t=g(x)$（图6.6）与 $y=f(t)$（图6.7）.

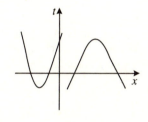

图 6.6

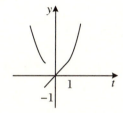

图 6.7

由于 $g(x)$ 是二次函数，其值域的形式只能是 $(-\infty,m]$ 或者是 $[m,+\infty)$，根据复合函数的定义，$y=f(t)$ 的定义域只能是 $(-\infty,m]$ 或者是 $[m,+\infty)$，由 $y=f(t)$ 的图像（图 6.7）可知，定义域即 t 的范围为 $[0,+\infty)$，即 $g(x)$ 的值域为 $[0,+\infty)$.

点评 处理复合函数问题的过程中，内部函数的值域就是外部函数的定义域.

例6.3 已知 $f(x),g(x)$ 定义在 $\mathbf{R}$ 上，$x=f(g(x))=0$ 有实根，则 $g(f(x))$ 不可能为( ).

A. $x^2+x-\dfrac{1}{5}$ B. x^2+5

C. $x^2-\dfrac{1}{5}$ D. x^2-x

分析 $\exists x_0$，使 $x_0=f(g(x_0))$. 令 $t_0=g(x_0)$，则 $x_0=f(t_0)$，于是 $g(f(x_0))=g(x_0)=t_0$，即 $g(f(x))=x$ 有解.

选项 B 中，$g(f(x))=x^2+5=x$ 无解，所以 $g(f(x))$ 不可能. 故选 B.

点评 碰到 $y=f(g(x))$ 结构，内外分解成 $t=g(x)$，$y=f(t)$ 两个简单函数再处理.

3. 分段函数的概念

文字表达：对于自变量 x 的不同取值区间，有着不同对应关系的函数.

符号表达：$y=\begin{cases} f_1(x) & (x\in A), \\ f_2(x) & (x\in B). \end{cases}$

图像表达:如图6.8所示.

分段函数的形象:带几个进口与几个出口的黑匣子,对于从这个进口进入黑匣子的任何x,在对应出口都有一个唯一的y出来,如图6.9所示.

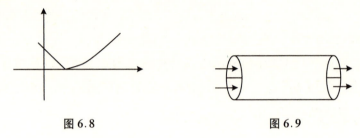

图6.8　　　　　　　　图6.9

例6.4 已知函数$f(x)=\begin{cases}x+1&(0<x<1),\\-x-1&(-1<x\leqslant 0),\end{cases}$解不等式$f(x)-f\left(x-\dfrac{1}{2}\right)>1$.

分析 函数$y=f(x)$的定义域为$(-1,1)$,为使得不等式中代数式有意义,得到
$$\begin{cases}-1<x<1,\\-1<x-\dfrac{1}{2}<1,\end{cases}$$

解得$-\dfrac{1}{2}<x<1$.

分段函数$f(x)$分段的区分点为0,则函数$f\left(x-\dfrac{1}{2}\right)$的区分点为$\dfrac{1}{2}$,这样就把$-\dfrac{1}{2}<x<1$分成三段.

原不等式$\Leftrightarrow\begin{cases}-\dfrac{1}{2}<x\leqslant 0,\\-x-1-\left[-\left(x-\dfrac{1}{2}\right)-1\right]>1\end{cases}$

或$\begin{cases}0<x\leqslant\dfrac{1}{2},\\x+1-\left[-\left(x-\dfrac{1}{2}\right)-1\right]>1\end{cases}$

或$\begin{cases}\dfrac{1}{2}<x<1,\\x+1-\left[\left(x-\dfrac{1}{2}\right)+1\right]>1.\end{cases}$

综上所述,$0<x\leqslant\dfrac{1}{2}$.

点评 处理分段函数的步骤如下:
① 找出使代数式有意义的x的范围;
② 找区分点;
③ 分段求.

6.1.2 概念的外延与内涵、概念的划分

根据同一律的要求,对同一概念而言,其内涵及外延在论证的过程中要前后一致,保持确定,对一些重要的数学概念,都要首先明确它们的内涵与外延,以后就在这个确定的、同一的意义上反复使用它.这样,在整个思维过程中,才能避免发生混乱,产生歧义.

对某些容易引起混淆的概念,要注意及时地进行比较和区别.

1. 概念的外延与内涵

一个概念所反映的对象的总和,称为这个概念的外延.例如,"平行四边形"这一概念的外延是"所有平行四边形的集合","偶素数"这一概念的外延是"2".

一个概念所反映的对象的本质属性的总和称为这个概念的内涵.

空集的概念:不含任何元素的集合.

空集的外延:

当 $a=0$ 时,集合 $\{x \mid ax-1=0\}=\varnothing$;

当 $\begin{cases} a=0, \\ b=0, \\ c\neq 0 \end{cases}$ 或 $\begin{cases} a\neq 0, \\ \Delta<0 \end{cases}$ 时,$\{x \mid ax^2+bx+c=0\}=\varnothing$;

当 $a\geqslant b$ 时,$\{x \mid a<x<b\}=\varnothing$.

例 6.5 已知 $M=\{x \mid 2x^2-5x-3=0\}$,$N=\{x \mid mx=1\}$,若 $N\subseteq M$,则符合条件的实数 m 为_____.

分析 集合 $M=\left\{3,-\dfrac{1}{2}\right\}$,由于 $N\subseteq M$,分为 $N=\varnothing$ 和 $N\neq\varnothing$ 两种情况讨论.

当 $N=\varnothing$ 时,考虑空集的外延,对于 $N=\{x \mid mx=1\}$,当 $m=0$ 时,$N=\varnothing$.

当 $N\neq\varnothing$ 时,考虑非空集合的外延,若 $N=\{3\}$,则 $m=\dfrac{1}{3}$;若 $N=\left\{-\dfrac{1}{2}\right\}$,则 $m=-2$.

故 $m=0$ 或 $\dfrac{1}{3}$ 或 -2.

2. 概念的划分

把一个属概念分成若干个种概念,来揭示概念外延的逻辑方法叫作概念的划分.在数学中常用划分将概念系统化.

(1) 数列的概念

文字表达:按照一定的顺序排列的一列数.

符号表达:(一般表示)$a_1,a_2,a_3,\cdots,a_n,a_{n+1}$;

(通项表示)$a_n=f(n)$(特殊的函数);

(递推法表示)a_n 用数列的前几项表示出来.

图像表达:如图 6.10 所示,为一群孤立的点.

(2) 等差数列的概念

文字表达:从第二项起,每一项与它前一项的差为同一个常数.

符号表达:(一般表示)$a_1, a_2, a_3, \cdots, a_n, a_{n+1}$ 且 $a_2 - a_1 = a_3 - a_2 = a_4 - a_3 = \cdots = d$;

(通项表示)$a_n = dn + b$;

(递推公式表示)$a_{n+1} - a_n = d$.

图像表达:如图 6.11 所示,为一群直线上取来的孤立的点.

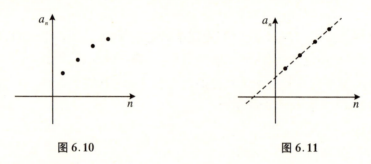

图 6.10　　　　　　　　　图 6.11

(3) 等比数列的概念

文字表达:从第二项起,每一项与它前一项的比为同一个常数.

符号表达:(一般表示)$a_1, a_2, a_3, \cdots, a_n, a_{n+1}$ 且 $\dfrac{a_2}{a_1} = \dfrac{a_3}{a_2} = \dfrac{a_4}{a_3} = \cdots = q$;

(通项表示)$a_n = c \cdot q^n$;

(递推公式表示)$\dfrac{a_{n+1}}{a_n} = q$.

图像表达:如图 6.12 所示,为一群在指数型函数上取来的孤立的点.

(4) 可转化为等差与等比数列的(由于种类很多,举例表示)

文字表达:从第二项起,每一项等于它前一项的 p 倍与关于 n 的函数的和.

符号表达:(一般表示)$a_1, a_2, a_3, \cdots, a_n, a_{n+1}$;

(通项表示)$a_n + g(n) = (a_1 + g(1)) \cdot q^{n-1}$;

(递推公式表示)$a_{n+1} = p a_n + f(n)$.

图像表达:如图 6.13 所示,为一群孤立的点.

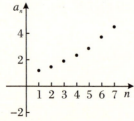

图 6.12　　　　　　　　　图 6.13

(5) 最大值的概念

文字表达:存在一个函数值不小于其他任何函数值.

符号表达:$f(x)_{\max}=M\Leftrightarrow \forall x,f(x)\leqslant M$ 且 $\exists x_0$ 使 $f(x_0)=M$.

图像表达:函数最高点的纵坐标.

例 6.6 已知函数 $f(x)=x^2-1$.若对任意实数 $x_1\in[1,2]$,存在实数 $x_2\in[1,2]$,使得 $f(x_1)=|2f(x_2)-ax_2|$ 成立,求实数 a 的取值范围.

分析 $y=f(x_1)(1\leqslant x_1\leqslant 2)$ 的值域为 $D_1=[0,3]$.令 $g(x)=|2f(x)-ax|$,即 $g(x)=|2x^2-ax-2|$.

原问题等价于当 $x\in[1,2]$ 时,$g(x)$ 的值域为 $[0,t]$,其中 $t\geqslant 3$.

等价于 $\exists x,|2x^2-ax-2|\leqslant 0$ 且 $\exists x,|2x^2-ax-2|\geqslant 3$.

转化为 $\exists x,2x^2-ax-2=0$,分离变量,即 $\exists x,a=\dfrac{2x^2-2}{x}=2\left(x-\dfrac{1}{x}\right)$,在 $[1,2]$ 内单调递增,得到 $a\in[0,3]$.

$\exists x,|2x^2-ax-2|\geqslant 3$,转化为 $\exists x,2x^2-ax-2\geqslant 3$ 或 $2x^2-ax-2\leqslant -3$,分离变量,即 $\exists x,a\leqslant \dfrac{2x^2-5}{x}=2\left(x-\dfrac{\dfrac{5}{2}}{x}\right)$,在 $[1,2]$ 上单调递增,得到 $a\leqslant \dfrac{3}{2}$.

或 $\exists x,a\geqslant \dfrac{2x^2+1}{x}=2\left(x+\dfrac{\dfrac{1}{2}}{x}\right)$,在 $[1,2]$ 上单调递增,得到 $a\geqslant 3$.

故 $0\leqslant a\leqslant \dfrac{3}{2}$ 或 $a=3$.

点评 将条件中的最值回归定义转化出来是处理最值问题的一大利器.

例 6.7 设函数 $f(x)=x^2-ax+b,a,b\in\mathbf{R}$,存在实数 a,使得当 $x\in[0,b]$ 时,$2\leqslant f(x)\leqslant 6$ 恒成立,求 b 的最大值及此时的 a.

分析 观察,这是一个三元二次不等式恒成立问题,如果直接从二次函数的最值出发,可以根据对称轴,分四个位置分类讨论,再分别研究二元不等式的存在性问题,这样考虑较烦琐,下面利用等价转化处理这个问题.

利用等式消元,存在实数 a,使得当 $x\in[0,b]$ 时,$2\leqslant f(x)\leqslant 6$ 恒成立.

先考虑实验:令 $x=0$,得到 $2\leqslant b\leqslant 6$;令 $x=b$,得到 $2\leqslant b^2-ab+b\leqslant 6$,暂时无法处理.

再考虑变形:存在实数 a,使得当 $x\in[0,b]$ 时,$2\leqslant x^2-ax+b\leqslant 6$,考虑将参数 a 分离.

$$2\leqslant x^2-ax+b\leqslant 6 \Leftrightarrow 2-b\leqslant x^2-ax\leqslant 6-b$$
$$\Leftrightarrow \dfrac{2-b}{x}\leqslant x-a\leqslant \dfrac{6-b}{x}$$

$$\Leftrightarrow x - \frac{6-b}{x} \leqslant a \leqslant x - \frac{2-b}{x}$$

$$\Leftrightarrow x - \frac{6-b}{x} \leqslant a \leqslant x + \frac{b-2}{x}.$$

即存在实数 a，使得当 $x \in [0,b]$ 时，$2 \leqslant x^2 - ax + b \leqslant 6$ 等价转化为

$$x - \frac{6-b}{x} \leqslant a \leqslant x + \frac{b-2}{x}.$$

令 $g(x) = x + \frac{b-2}{x}$，在 $[0, \sqrt{b-2}]$ 上单调递减，在 $[\sqrt{b-2}, +\infty)$ 上单调递增，$g(x)_{\min} = 2\sqrt{b-2}$，此处先不考虑 $x \in [0,b]$.

令 $h(x) = x - \frac{6-b}{x}$，在 $[0,b]$ 上单调递增，所以 $h(x)_{\max} = b - \frac{6-b}{b}$.

存在实数 a，使得当 $x \in [0,b]$ 时，$2 \leqslant x^2 - ax + b \leqslant 6$ 等价转化为 $h(x)_{\max} \leqslant g(x)_{\min}$，即 $b - \frac{6-b}{b} \leqslant 2\sqrt{b-2}$.

由数形结合，可以得到 $b \in [2,3]$. 再考虑 $\sqrt{b-2}$ 与 b 的大小关系，$\sqrt{b-2} \leqslant b$，所以当 $b = 3$ 时，$a = 2$.

点评 通过观察，分析函数题目的切入口；通过实验，缩小目标的范围；通过变形，避开讨论的参数. 这是简化函数类题目的不二法门.

6.2 判断的意义和种类

产生概念之后，人们就要运用已有的概念对客观事物进行肯定或否定. 对思维对象有所肯定或否定的思维形式叫作判断.

判断，按思维对象的量分类，有全称判断、特称判断、单称判断.

6.2.1 全称判断

断定一类事物的全部都具有或都不具有某种属性的判断称为全称判断.

1. 函数中的任意性

例 6.8 已知函数 $f(x) = ax^3 + bx^2 + cx (a, b, c \in \mathbf{R})$，若 $f(x)$ 为 $[-2,2]$ 上的奇函数，且对任意 $x \in [-2,2]$ 恒有 $|f(x)| \leqslant 2$，则 c 的最大值是 _____.

分析 条件 $f(x)$ 为奇函数，则 $b = 0$.

条件 $\forall x \in [-2,2]$,$-2 \leqslant ax^3+cx \leqslant 2$ 恒成立,针对任意性实验,因为 $f(x)$ 为奇函数,所以只实验 $x \in [0,2]$.

令 $x=2$,则 $-2 \leqslant 8a+2c \leqslant 2$;

令 $x=1$,则 $-2 \leqslant a+c \leqslant 2$;

令 $x=\dfrac{1}{2}$,则 $-2 \leqslant \dfrac{a}{8}+\dfrac{c}{2} \leqslant 2$.

研究上面限制条件的交集,作出可行域,如图 6.14 所示,由图可知,在 A 点处,c 的最大值是 3.

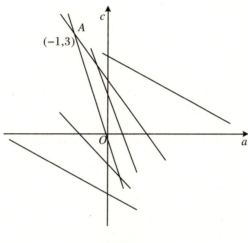

图 6.14

点评 条件中有任意性,$\forall x, x \in P$,考虑实验.

令 $x=x_1, x_1 \in P \Rightarrow a \in Q_1$;

令 $x=x_2, x_2 \in P \Rightarrow a \in Q_2$;

令 $x=x_3, x_3 \in P \Rightarrow a \in Q_3$;

……

则 a 的范围是 $Q_1 \cap Q_2 \cap Q_3 \cap \cdots$.

2. 不等式中的任意性

例 6.9 若 $a \geqslant 0, b \geqslant 0$,且当 $\begin{cases} x \geqslant 0, \\ y \geqslant 0, \\ x+y \leqslant 1 \end{cases}$ 时,恒有 $ax+by \leqslant 1$,则以 a,b 为坐标点 $P(a,b)$ 所形成的平面区域的面积等于_____.

分析 对于满足限制条件 $\begin{cases} x \geqslant 0, \\ y \geqslant 0, \\ x+y \leqslant 1 \end{cases}$ 的点,恒有 $ax+by \leqslant 1$,考虑如何作出可行域,如

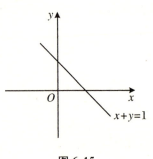

图 6.15

图 6.15 所示. 处理方法只要将三角形中所有的点代入验证成立就行, 由于线性规划中, 最值在交点处产生, 所以只要考虑三角形的顶点.

令 $x=0, y=1$, 则 $b \leqslant 1$;

令 $x=1, y=0$, 则 $a \leqslant 1$.

所以 $P(a,b)$ 的限制条件为 $\begin{cases} 0 \leqslant a \leqslant 1, \\ 0 \leqslant b \leqslant 1, \end{cases}$ 面积为 1.

点评 全称判断是否成立, 只要考查事物的全部, 特别是关键对象即可.

3. 数列中的任意性

在数列问题中, 条件中经常出现含 n 的恒等式, 如递推公式、前 n 项和与项的关系式、通项公式等.

① 观察到恒等式, 通过对 n 实验, 令 $n=1, n=2, n=3, \cdots$, 然后对得到的结论进行归纳, 得出规律.

例 6.10 若数列 $\{a_n\}$ 满足 $a_{n+1}=\begin{cases} 2a_n & \left(0 \leqslant a_n < \dfrac{1}{2}\right), \\ 2a_n-1 & \left(\dfrac{1}{2} \leqslant a_n < 1\right), \end{cases}$ 且 $a_1=\dfrac{6}{7}$, 则 a_{20} 的值为 (   ).

A. $\dfrac{6}{7}$ B. $\dfrac{5}{7}$ C. $\dfrac{3}{7}$ D. $\dfrac{1}{7}$

分析 逐步计算, 可得

$$a_1 = \dfrac{6}{7},$$
$$a_2 = \dfrac{12}{7} - 1 = \dfrac{5}{7},$$
$$a_3 = \dfrac{10}{7} - 1 = \dfrac{3}{7},$$
$$a_4 = \dfrac{6}{7},$$
$$a_5 = \dfrac{12}{7} - 1 = \dfrac{5}{7},$$
$$\cdots.$$

说明数列 $\{a_n\}$ 是周期数列, $T=3$. 而 $20=3\times 6+2$, 所以 $a_{20}=\dfrac{5}{7}$. 故选 B.

点评 利用数列条件的任意性进行演绎推理, 得到数列的前几项.

② 观察到恒等式,对含 n 的恒等式自身进行变形,转化为已知的类型进行处理.

例 6.11 已知数列 $\{a_n\}$ 中,$a_1 = \dfrac{5}{6}$,$a_{n+1} = \dfrac{1}{3}a_n + \left(\dfrac{1}{2}\right)^{n+1}$,求 a_n.

分析 $a_{n+1} = \dfrac{1}{3}a_n + \left(\dfrac{1}{2}\right)^{n+1}$ 的样子符合 $a_{n+1} = pa_n + q^n$ 的类型.

两边乘以 2^{n+1} 得
$$2^{n+1} \cdot a_{n+1} = \dfrac{2}{3}(2^n \cdot a_n) + 1.$$

令 $b_n = 2^n \cdot a_n$,则 $b_{n+1} = \dfrac{2}{3}b_n + 1$,解得 $b_n = 3 - 2\left(\dfrac{2}{3}\right)^n$.

故 $a_n = \dfrac{b_n}{2^n} = 3\left(\dfrac{1}{2}\right)^n - 2\left(\dfrac{1}{3}\right)^n$.

点评 形如 $a_{n+1} = pa_n + q^n$,一般地,要先在原递推公式两边同除以 q^{n+1},得 $\dfrac{a_{n+1}}{q^{n+1}} = \dfrac{p}{q} \cdot \dfrac{a_n}{q^n} + \dfrac{1}{q}$,引入辅助数列 $\{b_n\}$(其中 $b_n = \dfrac{a_n}{q^n}$),得 $b_{n+1} = \dfrac{p}{q}b_n + \dfrac{1}{q}$,再用待定系数法解决.

③ 观察到恒等式,发现单靠自身无法处理,将 n 替换为 $n+1$,得到另一个恒等式,然后联立方程处理.

例 6.12 设数列 $a_1, a_2, \cdots, a_n, \cdots$ 满足 $a_1 = a_2 = 1, a_3 = 2$,且对任意自然数 n,都有 $a_n \cdot a_{n+1} \cdot a_{n+2} \neq 1$.又 $a_n \cdot a_{n+1} \cdot a_{n+2} \cdot a_{n+3} = a_n + a_{n+1} + a_{n+2} + a_{n+3}$,则 $a_1 + a_2 + \cdots + a_{100}$ 的值是_____.

分析 由
$$a_n \cdot a_{n+1} \cdot a_{n+2} \cdot a_{n+3} = a_n + a_{n+1} + a_{n+2} + a_{n+3}, \qquad ①$$
$$a_{n+1} \cdot a_{n+2} \cdot a_{n+3} \cdot a_{n+4} = a_{n+1} + a_{n+2} + a_{n+3} + a_{n+4}, \qquad ②$$

两式相减得
$$(a_n - a_{n+4})(a_{n+1} \cdot a_{n+2} \cdot a_{n+3} - 1) = 0.$$

又 $a_{n+1} \cdot a_{n+2} \cdot a_{n+3} \neq 1$,故 $a_{n+4} = a_n$;因为 $a_1 = a_2 = 1, a_3 = 2$,由式①得 $2a_4 = 4 + a_4$,所以 $a_4 = 4$,从而 $a_1 + a_2 + a_3 + a_4 = 8$,于是
$$a_1 + a_2 + \cdots + a_{100} = 25(a_1 + a_2 + a_3 + a_4) = 200.$$

6.2.2 特称判断

反映某类事物中至少有一个对象具有或不具有某种性质的判断称为特称判断.

例 6.13 是否存在 f,使得 $f(\sin 2x) = \cos x$?

分析 假设存在 f,因为 $f(\sin 2x)$ 是以 π 为周期的函数,而 $\cos x$ 不是以 π 为周期的函数,所以得出矛盾,故不存在 f.

点评 判断命题是否正确,用反证法:假设 P 正确 $\Rightarrow Q$ 性质;无 Q 性质 $\Rightarrow P$ 错误.

例 6.14 已知实数 x 满足 $|x| \geqslant 2$ 且 $x^2 + ax + b - 2 = 0$,则 $a^2 + b^2$ 的最小值为_____.

分析 条件为存在 x 满足 $|x| \geqslant 2$ 且 $x^2 + ax + b - 2 = 0$,针对存在性实验.

令 $x = 2, 4 + 2a + b - 2 = 0 \Rightarrow a^2 + b^2 \geqslant \dfrac{4}{5}$;

令 $x = -2, 4 - 2a + b - 2 = 0 \Rightarrow a^2 + b^2 \geqslant \dfrac{4}{5}$;

令 $x = 3, 9 + 3a + b - 2 = 0 \Rightarrow a^2 + b^2 \geqslant \dfrac{49}{10}$.

研究限制条件,取并集,则 $a^2 + b^2$ 的最小值为 $\dfrac{4}{5}$.

点评 条件中有存在性,$\forall x, x \in P$,考虑实验.

令 $x = x_1, x_1 \in P \Rightarrow a \in Q_1$;

令 $x = x_2, x_2 \in P \Rightarrow a \in Q_2$;

令 $x = x_3, x_3 \in P \Rightarrow a \in Q_3$;

……

则 a 的范围是 $Q_1 \cup Q_2 \cup Q_3 \cup \cdots$.

例 6.15 已知函数 $f(x) = x^3 - (k^2 - k + 1)x^2 + 5x - 2, g(x) = k^2 x^2 + kx + 1$,其中 $k \in \mathbf{R}$. 设函数 $p(x) = f(x) + g(x)$. 若 $p(x)$ 在区间 $(0, 3)$ 上不单调,求 k 的取值范围.

分析 因
$$p(x) = f(x) + g(x) = x^3 + (k - 1)x^2 + (k + 5)x - 1,$$
则
$$p'(x) = 3x^2 + 2(k - 1)x + (k + 5).$$

又 $p(x)$ 在区间 $(0, 3)$ 上不单调,所以 $p'(x) = 0$ 在 $(0, 3)$ 上有实数解,且无重根. 由 $p'(x) = 0$ 得
$$k(2x + 1) = -(3x^2 - 2x + 5),$$
则
$$k = -\dfrac{3x^2 - 2x + 5}{2x + 1} = -\dfrac{3}{4}\left[(2x + 1) + \dfrac{9}{2x + 1} - \dfrac{10}{3}\right].$$

令 $t = 2x + 1$,有 $t \in (1, 7)$. 记 $h(t) = t + \dfrac{9}{t}$,则 $h(t)$ 在 $(1, 3]$ 上单调递减,在 $(3, 7)$ 上单调递增,所以有 $h(t) \in [6, 10)$,于是 $(2x + 1) + \dfrac{9}{2x + 1} \in [6, 10)$,得 $k \in (-5, -2]$. 而当 $k = -2$ 时,有 $p'(x) = 0$ 在 $(0, 3)$ 上有两个相等的实根 $x = 1$,故舍去,所以 $k \in (-5, -2)$.

点评 存在性问题通过分离变量转化为函数值域问题.

任意 x_1,存在 x_2,$f(x_1)=g(x_2)$ 成立,考虑问题时,根据任意性 x_1 取遍定义域内所有值,得到 $f(x)$ 的值域,只要 $g(x_2) \in f(x)$ 的值域.

6.3 简单命题和复杂命题

数学命题:在数学中用来表示数学判断的陈述句或符号的组合.

6.3.1 简单命题

① 全称肯定命题,通常用 A 表示.它的逻辑形式为"所有的 S 是 P",可记为"SAP".
② 全称否定命题,通常用 E 表示.它的逻辑形式为"所有的 S 都不是 P",可记为"SEP".
③ 特称肯定命题,通常用 I 表示.它的逻辑形式为"有的 S 是 P",可记为"SIP".
④ 特称否定命题,通常用 O 表示.它的逻辑形式为"有的 S 不是 P",可记为"SOP".
上述四种判断之间的关系可用图 6.16 表示,称为逻辑方阵.

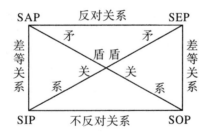

图 6.16

1. 概念中的任意性

最小值的概念:

文字表达:设函数 $y=f(x)$ 的定义域为 I,如果存在实数 M 满足:① 对于任意实数 $x \in I$,都有 $f(x) \geqslant M$;② 存在 $x_0 \in I$,使得 $f(x_0)=M$,那么,我们称实数 M 是函数 $y=f(x)$ 的最小值.

符号表达:$\forall x \in I, f(x) \geqslant f(x_0)$,则 $f(x)_{\min}=f(x_0)$.

图像表达:如图 6.17 所示,最小值对应函数图像最低点的纵坐标.

例 6.16 对 $a,b \in \mathbf{R}$,记 $\max\{a,b\}=\begin{cases} a & (a \geqslant b), \\ b & (a<b), \end{cases}$ 函数 $f(x)=\max\{|x+1|,|x-2|\}$

($x \in \mathbf{R}$)的最小值是_____.

分析 利用最小值的图像表达,画出函数 $y = |x+1|$ 和 $y = |x-2|$ 的图像,如图6.18所示.由 $f(x)$ 的定义,可得

$$f(x) = \begin{cases} |x+1| & \left(x \geqslant \dfrac{1}{2}\right), \\ |x-2| & \left(x < \dfrac{1}{2}\right), \end{cases}$$

则

$$f(x)_{\min} = f\left(\dfrac{1}{2}\right) = \left|\dfrac{1}{2} + 1\right| = \dfrac{3}{2}.$$

点评 对于最大值或最小值的问题,用图形分析帮助解决问题的关键是讨论图形的极端位置.

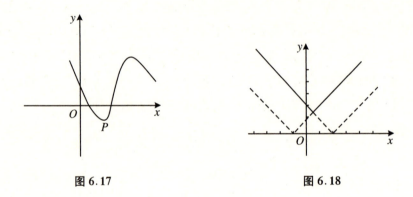

图6.17　　　　　　　　　　图6.18

2. 符号中的任意性

(1) 函数中符号的任意性

函数的真正本质就在于那些表达式的共同因素之中,就是说,在 $2 \cdot x^3 + x$ 中除"x"外还存在的东西中,就是去掉"x",可以用括号表示,即 $2 \cdot (\ )^3 + (\ )$,括号表示一个空位.

例6.17 已知 $f(x+1) = x^2 - 2x$,求 $f(x)$.

分析 令 $x+1 = t$,则 $x = t-1$,$f(t) = (t-1)^2 - 2(t-1) = t^2 - 4t + 3$,故 $f(x) = x^2 - 4x + 3$.

点评 已知 $f(g(x))$ 的解析式,求 $f(x)$ 时,常用配凑法或换元法.

(2) 等式中符号的任意性

例6.18 若对每一个实数 x, y,函数 $f(x)$ 满足 $f(x+y) = f(x) + f(y) + xy + 1$,且 $f(-2) = -2$,试求满足 $f(a) = a$ 的所有整数 a.

分析 若对每一个实数 x, y,函数 $f(x)$ 满足 $f(x+y) = f(x) + f(y) + xy + 1$,此恒

等式里可以对任意的实数 x,y 实验.

令 $x=y=0$,得 $f(0)=-1$;令 $x=y=-1$,由 $f(-2)=-2$,得 $f(-1)=-2$;令 $x=1,y=-1$,得 $f(1)=1$.

由 $f(y+1)=f(y)+y+2$,令 $y=n$,由数列递推知识,得 $f(n)=\frac{1}{2}n^2+\frac{3}{2}n-1$.令 $f(a)=a$,得 $a^2+a-2=0$,解得 $a=1$ 或 $a=-2$.

点评 对于特称性命题,一般引入符号假定其存在,研究其需要满足的条件,肯定命题证明条件不矛盾,否定命题证明条件矛盾.

例 6.19 设 $a,b,c\in\mathbf{R}$,使得方程 $x^3+ax^2+bx+c=0$ 有 3 个实根.证明:如果 $-2\leqslant a+b+c\leqslant 0$,则至少存在一个根在区间 $[0,2]$ 中.

分析 假设该方程的三个实根 x_1,x_2,x_3 不在区间 $[0,2]$ 中.由韦达定理,得
$$\begin{cases} x_1+x_2+x_3=-a,\\ x_1x_2+x_2x_3+x_3x_1=b,\\ x_1x_2x_3=-c. \end{cases}$$

从而
$$a+b+c=x_1x_2+x_2x_3+x_3x_1-x_1x_2x_3-(x_1+x_2+x_3)$$
$$=(1-x_1)(1-x_2)(1-x_3)-1\in[-2,0],$$

于是
$$-1\leqslant(1-x_1)(1-x_2)(1-x_3)\leqslant 1,$$

即
$$|(1-x_1)(1-x_2)(1-x_3)|\leqslant 1.$$

由假设,知 $x_i<0$ 或 $x_i>2$,得 $|1-x_i|>1(i=1,2,3)$,所以 $|(1-x_1)(1-x_2)(1-x_3)|>1$.矛盾!

所以假设不成立,故至少存在一个根在区间 $[0,2]$ 中.

点评 对于存在性命题,假设其存在,求得出说明存在,求不出说明不存在.

6.3.2 复合命题与命题联结词

复合命题:把几个已知命题联结起来,构成的一个新命题.

命题联结词:构成新命题时,联结已知命题的词语,有"或""且""非".

原命题:$A\to B$(若 A 则 B).

逆命题:$B\to A$(若 B 则 A).

否命题:$\neg A\to\neg B$(若 $\neg A$ 则 $\neg B$).

逆否命题:$\neg B \to \neg A$(若$\neg B$则$\neg A$).

在数学中,弄清以下四种常用命题形式及相互关系是很重要的,如图6.19所示.

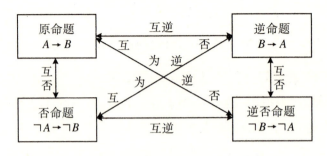

图6.19

互为逆否命题的两个条件命题必定同真或同假.这个规律称为逆否命题的等效原理.

例6.20 设$A(1,0),B(0,1)$,直线$l:y=ax$,圆$C:(x-a)^2+y^2=1$,若圆C既与线段AB又与直线l有公共点,则实数a的取值范围是_____.

分析 条件中有逻辑联结词"且",分别考虑,其中圆与直线l有公共点,则$\dfrac{a^2}{\sqrt{a^2+1}} \leqslant 1$,解得

$$-\sqrt{\dfrac{1+\sqrt{5}}{2}} \leqslant a \leqslant \sqrt{\dfrac{1+\sqrt{5}}{2}}.$$

圆C与线段AB有公共点,参数a不确定,考虑实验.令$a=1$,如图6.20所示,满足条件.再将圆向右移,满足条件下圆心最右边可为$(2,0)$,向左移,满足条件下圆与线段AB相切,则$\dfrac{|a-1|}{\sqrt{2}}=1$,解得$a=\pm\sqrt{2}+1$,于是$-\sqrt{2}+1 \leqslant a \leqslant 2$.

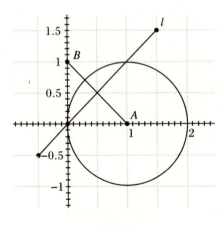

图6.20

综上所述,$-\sqrt{2}+1 \leqslant a \leqslant \sqrt{\dfrac{1+\sqrt{5}}{2}}$.

点评 若条件中带有逻辑词"且",无法统一研究,则拆开考虑.若带有逻辑词"非",一般考虑反面.

6.3.3 条件命题

例6.21 若 $p: x \neq 1, y \neq 2, q: x+y \neq 3$,则 p 是 q 的_____条件.

分析 考虑其逆否命题:$\neg q: x+y=3, \neg p: x=1$ 且 $y=2$,显然有 $\neg q \Leftarrow \neg p$,即 $p \Leftarrow q$,故 p 是 q 的必要但不充分条件.

点评 由于原命题与逆否命题等价,逆命题与否命题等价,因此,对于那些带有否定性的命题,可先转化为它的等价命题,再进行判定,体现正难则反的等价转化思想,培养思维的灵活性.

征服数学的关键在于理解充分条件与必要条件.

A 是 B 的充分条件:如果有事物情况 A,则必然有事物情况 B,A 发生足够导致 B 发生.

A 是 B 的必要条件:如果没有事物情况 A,则必然没有事物情况 B,也就是说如果有事物情况 B,则一定有事物情况 A,那么 A 就是 B 的必要条件.

1. 数学问题的研究

碰到定理、推论,要分清楚由哪几个条件可以推出那个结论.

例6.22 理解零点存在性定理:如果函数 $y=f(x)$ 在区间 $[a,b]$ 上的图像是连续不断的一条曲线,并且有 $f(a)f(b)<0$,那么函数 $y=f(x)$ 在区间 (a,b) 内有零点,即存在 $c \in (a,b)$,使得 $f(c)=0$,这个 c 也就是方程 $f(x)=0$ 的根.

分析 条件 $1: y=f(x)$ 在区间 $[a,b]$ 内是连续的.

条件 $2: f(a)f(b)<0$.

结论:函数 $y=f(x)$ 在区间 (a,b) 内有零点.

2. 数学问题的推理

例6.23 函数 $y=f(x)$ 的定义域为 D,如果存在区间 $[m,n] \subseteq D$ 同时满足下列条件:

① $f(x)$ 在 $[m,n]$ 内是单调的;

② 当定义域为 $[m,n]$ 时,$f(x)$ 的值域也是 $[m,n]$.

则称区间 $[m,n]$ 是该函数的"H 区间".

若函数 $f(x)=\begin{cases} a\ln x - x & (x>0), \\ \sqrt{-x}-a & (x \leqslant 0) \end{cases}$ 存在"H 区间",则正数 a 的取值范围是

分析 (1) 当 $x \leqslant 0$ 时,$f(x) = \sqrt{-x} - a$ 是递减函数,$m < n \leqslant 0$.

依题意,有 $\begin{cases} f(m) = n, \\ f(n) = m, \end{cases}$ 即

$$\begin{cases} \sqrt{-m} - a = n, \\ \sqrt{-n} - a = m, \end{cases} \Rightarrow \sqrt{-m} - \sqrt{-n} = n - m,$$

亦即

$$\sqrt{-m} - \sqrt{-n} = (\sqrt{-m} - \sqrt{-n})(\sqrt{-m} + \sqrt{-n}),$$

所以

$$\sqrt{-m} + \sqrt{-n} = 1,$$
$$\sqrt{-m} = 1 - \sqrt{-n} > 0 \Rightarrow 0 \leqslant \sqrt{-n} < 1.$$

又 $m \neq n$,所以 $\sqrt{-n} \neq \dfrac{1}{2}$,于是 $\sqrt{-n} \in \left[0, \dfrac{1}{2}\right) \cup \left(\dfrac{1}{2}, 1\right)$,故

$$a = 1 - \sqrt{-n} - n = \sqrt{-n}(\sqrt{-n} - 1) + 1 \in \left(\dfrac{3}{4}, 1\right].$$

(2) 当 $x > 0$ 时,$f(x) = a\ln x - x$,$f'(x) = \dfrac{a}{x} - 1$,所以 $f(x)$ 在 $(0, a)$ 上递增,在 $(a, +\infty)$ 上递减.

① 若 $x \in (0, a)$,则 $\begin{cases} f(m) = m, \\ f(n) = n, \end{cases}$ 即方程 $f(x) = x$ 在 $(0, a)$ 上有两个不等正根.

令 $h(x) = f(x) - x = a\ln x - 2x$,则

$$h'(x) = \dfrac{a}{x} - 2 > 0 \Rightarrow 0 < x < \dfrac{a}{2},$$

所以 $h(x)$ 在 $\left(0, \dfrac{a}{2}\right)$ 上递增,在 $\left(\dfrac{a}{2}, a\right)$ 上递减.

因为 $x \to 0$ 时,$h(x) \to -\infty$,所以 $\begin{cases} h\left(\dfrac{a}{2}\right) > 0, \\ h(a) \leqslant 0, \end{cases}$ 即

$$\begin{cases} a\ln \dfrac{a}{2} - a > 0, \\ a\ln a - 2a \leqslant 0 \end{cases} \Rightarrow \begin{cases} a > 2e, \\ a \leqslant e^2 \end{cases} \Rightarrow 2e < a \leqslant e^2.$$

② 若 $x \in (a, +\infty)$,则 $\begin{cases} f(m) = n, \\ f(n) = m, \end{cases}$ 即

$\begin{cases} a\ln m - m = n, \\ a\ln n - n = m \end{cases} \Rightarrow \begin{cases} a\ln m = m + n, \\ a\ln n = n + m \end{cases} \Rightarrow a\ln m = a\ln n \Rightarrow m = n$(不合).

综上所述,$a \in \left(\dfrac{3}{4}, 1\right] \cup (2e, e^2]$.

点评 在数学解题过程中,把握什么样的条件可以推出什么样的结论非常重要,多条件的时候,考虑用一个条件去消元另一个条件.

两个条件配合推出结论列举如下:相似方程 $\begin{cases} f(m) = m, \\ f(n) = n \end{cases}$ 推出重复解;互逆函数 $\begin{cases} f(m) = n, \\ f(n) = m \end{cases}$ 作差处理(若 $y = f(x)$ 单调,直接考虑 $y = f(x)$ 与 $y = x$ 的交点).

6.4 形式逻辑的基本规律

逻辑思维的基本规律是客观事物在人们头脑中的反映. 形式逻辑是从思维的形式结构方面研究思维规律的科学. 它的基本规律有四条:同一律、矛盾律、排中律和充足理由律. 一切正确的思维都必须遵守这四条规律.

6.4.1 基本规律

1. 同一律

同一律就是要求在给定的一个数学思维过程中,使用的概念和判断必须保持同一,即保持确定的意义.

这里的"A"指概念或判断. "A 是 A"是说在同一思维过程中,A 这个概念或判断,无论重复或使用多少次,自身始终不变,前后一致,保持确定.

(1) 同一律的内容

① 在同一个思维过程中,思维的对象必须保持同一;

② 在同一个思维过程中,使用的概念必须保持同一;

③ 在同一时间,从同一方面,对同一思维对象做出的判断必须保持同一.

(2) 同一律的形式

A 是 A;神就是神;我就是我.

(3) 同一律的应用

例 6.24 数是可以比较大小的. 虚数是数. 所以虚数可以比较大小.

分析 结论是错误的. 产生的原因是,第一句中的"数"是指实数,第二句中的"数"是指复数,偷换了概念.

例 6.25 由 $\sqrt{ab}=\sqrt{a}\cdot\sqrt{b}$ 得 $\sqrt{(-4)\cdot(-9)}=\sqrt{(-4)}\cdot\sqrt{(-9)}=2\mathrm{i}\cdot3\mathrm{i}=-6$.

分析 结论是错误的.事实上 $\sqrt{(-4)\cdot(-9)}=\sqrt{36}=6$.导致错误的原因是,前式为对于两个非负实数 a,b 成立的等式,在后一式中,偷换成了对于两个负实数的等式.而此式在复数范围内成立的条件是把记号 $\sqrt{a}$ 看作 a 的两个平方根的集合.

例 6.26 已知关于 x 的方程 $\lg(x-1)+\lg(3-x)=\lg(x-a)$ 只有一个解,求 a 的范围.

分析 函数零点的概念:对于函数 $y=f(x)(x\in D)$,把使方程 $f(x)=0$ 成立的实数 x 叫作函数 $y=f(x)(x\in D)$ 的零点.

对方程进行同解变形

$$\begin{cases} x-1>0, \\ 3-x>0, \\ (x-1)(3-x)=x-a, \end{cases}$$

方程组只有一个解.

将主方程等价变形为函数 $a=x^2-3x+3(1<x<3)$,寻找函数图像单调的部分对应的值域,如图 6.21 所示.故 $\dfrac{3}{4}<a<3$.

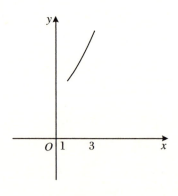

图 6.21

点评 方程变形过程中要保持等价变形(各变量范围不变).

2. 矛盾律

在同一个数学思维过程中,对于同一对象的两个互相矛盾的判断中至少有一个是错误的,它的公式是"A 不是 $\neg A$"或"$\neg(p\wedge\neg p)$".

(1) 矛盾律的内容

在同一时间,从同一方面,对同一思维对象不能做出有矛盾关系或反对关系的判断.矛盾律在数学上的应用极为广泛,并且常在数学以外的地方应用.

(2) 矛盾律的形式

A 是 B;A 不是 B.这两个命题不会两个都为真或两个都为假.

例 6.27 对于两个实数 a 和 b,"$a>b$"与"$a\leqslant b$"是两个矛盾判断,至少有一个是错误的;"$a>b$"与"$a<b$"是两个反对判断,也至少有一个是错误的.

"$a/\!/b$"和"a 与 b 相交"是两个反对判断,也至少有一个是错误的.

3. 排中律

在同一论证过程中,对同一对象的两个矛盾判断中,必有一个是真的.

(1) 排中律的内容

对于只有互相矛盾的两种可能的问题,必须肯定其一,两者不能同假.如果还存在着第三种可能情况,那么排中律就不起作用了.

(2) 二分法

由于排中律对具有矛盾关系的两个判断能作出"非此即彼"的明确抉择,因此对某些较为复杂的概念,采用二分法则能很快地进行明确的分类.

二分法是按照概念的对象有无某一属性来进行划分,即将属概念一贯地分为两个互相矛盾的种概念,一直分划到不能再分为止.

例 6.28 "一组对边平行的四边形是平行四边形.""一组对边平行的四边形不是平行四边形."

分析 这是对同一对象的肯定判断和否定判断,于是认为必有一个为真.

4. 充足理由律

之所以有 A,是因为有 B.

(1) 充足理由律的内容

任何判断都必须有充足的理由才被认为是真的.

(2) 充足理由律的形式

在数学学科中,充足理由律要求我们必须以数学的已知概念和公理以及由此推导出来的定理、公式作为根据进行推理判断.

解答数学问题时进行正确判断也必须有充足的理由,否则会造成错误.

叔本华认为充足理由律的四种不同表现形式分别是因果律、逻辑推论、数学证明、行为动机.这四种形式并不作为证明充足理由律的原因,而是充足理由律在这四者中表现其自身.在高中数学考查中,以逻辑推论与数学证明最相关,这里对逻辑推理做个介绍.

逻辑推理是把不同排列顺序的意识进行相关性的推导.

例 6.29 (2007年武汉大学自主招生数学试题)来自英、法、日、德的甲、乙、丙、丁四位客人同时参加一个国际会议. 他们除了懂本国语言外,每人还会说其他三国语言中的一种. 有一种语言是三个人都会说的,但没有一种语言人人都懂. 现知道:(1) 甲是日本人,丁不会说日语,但他俩能自由交谈;(2) 四个人中,没有一个人既能用日语交谈,又能用法语交谈;(3) 乙不会说英语,当甲与丙交谈时他都能做翻译;(4) 乙、丙、丁交谈时,找不到共同语言沟通. 由上述可知,丁会说的两种语言是_____.

分析 解决逻辑推理问题的基本方法有两种:一是分类排除法;二是列表填空法.

逻辑推理问题中,有时会涉及很多对象,每个对象又有几种不同情况,同时还给出不同对象之间不同情况的判断,要求推出确定的结论. 对于这类问题,通常可以利用表格把本来凌乱的信息集整理出来,方便推理.

由(1)知,甲是日本人. 由(2)知,甲只会英、德两种语言中的一种.

① 若甲会英语,则由(1)知,丁会英语⇒丁不是英国人,但丁会英语,或丁是英国人. a. 若丁不是英国人,但丁会英语,由(3)知,乙也不是英国人⇒丙是英国人,此时甲、丙均会英语,由(3)知,乙会日语,与(4)矛盾;b. 若丁是英国人,由(3)知,乙会日语,由(2)知,不会法语⇒乙是法国人,且会日语⇒丙是德国人,由(3)知,乙会德语,与大前提矛盾.

② 若甲会德语,则不会英语、法语,由(1)知,丁会德语,由(3)知,乙会德语⇒丙不会德语⇒丙不是德国人⇒乙是德国人,丙是法国人,丁是英国人,由此得表 6.1. 丁会说的两种语言是英语、德语.

表 6.1

外语\国籍	甲 日本	乙 德国	丙 法国	丁 英国
英	−	−	+	+
法	−	+	+	−
日	+	−	−	−
德	+	+	−	+

6.4.2 形式逻辑的典型应用——反证法

1. 反证法的依据

反证法的依据是逻辑思维规律中的"矛盾律"和"排中律". 在同一思维过程中,两个互相矛盾的判断不能同时都为真,至少有一个是假的,这就是逻辑思维中的"矛盾律";两个互相矛盾的判断不能同时都为假,简单地说"A 或者非 A",这就是逻辑思维中的"排中律".

2. 反证法常用来证明的题型

反证法常用来证明的题型有:命题的结论以"否定形式""至少"或"至多""唯一""无限"形式出现的命题;或者否定结论更明显、具体、简单的命题;或者直接证明难以下手的命题,改变其思维方向,从结论入手进行反面思考,问题可能解决得十分干脆.

3. 反证法的逻辑结构

求证:P 真.

证明过程:设立反论题非 P;如果非 P 真,则 Q 真;而 Q 是假的;并非 Q 并且非 Q(根据矛盾律);所以非 P 是假的;故 P 是真的(根据排中律).

例 6.30 设 $x, y \in (0,1)$,求证:对于 $a, b \in \mathbf{R}$,必存在满足条件的 x, y,使 $|xy - ax - by| \geqslant \frac{1}{3}$ 成立.

证明 假设对于一切 $x, y \in (0,1)$,$|xy - ax - by| < \frac{1}{3}$ 恒成立.

令 $x = 0, y = 1$,则 $|b| < \frac{1}{3}$;

令 $x = 1, y = 0$,则 $|a| < \frac{1}{3}$;

令 $x = y = 1$,则 $|1 - a - b| < \frac{1}{3}$.

但 $|1 - a - b| \geqslant 1 - |a| - |b| > 1 - \frac{1}{3} - \frac{1}{3} = \frac{1}{3}$,产生矛盾,故欲证结论正确.

练习

1. 已知 $a_1, a_2, a_3, \cdots, a_{10}$ 为大于零的正实数,且 $a_1 + a_2 + a_3 + \cdots + a_{10} = 30$,$a_1 a_2 a_3 \cdots a_{10} < 21$.求证:$a_1, a_2, a_3, \cdots, a_{10}$ 这 10 个数中必有一个数在 $(0,1)$ 之间.

提示:基本量为 $b_i = a_i - 1$,再用反证法证明.

2. (2000年上海交通大学)已知正数数列 $a_1, a_2, \cdots, a_n$.对于大于 1 的整数 n,有 $a_1 + a_2 + \cdots + a_n = \frac{3}{2} n$,$a_1 a_2 \cdots a_n = \frac{n+1}{2}$,试证:$a_1, a_2, \cdots, a_n$ 中至少有一个小于 1.

提示:用反证法证明.

4. 反证法的分类

(1) 简单归谬法

用反证法证题时,如果欲证明的命题的反面情况只有一种,那么只要将这种情况驳倒了就可以.

归谬法的逻辑结构是:求证 P 假.

证明过程:假设 P 真;如果 P 真,则 Q 真;而 Q 是假的;并非 Q 并且非 Q(根据矛盾律);所以 P 也是假的.

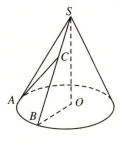

图 6.22

例 6.31 如图 6.22 所示,设 SA,SB 是圆锥 SO 的两条母线,O 是底面圆心,C 是 SB 上一点. 求证: AC 与平面 SOB 不垂直.

分析 结论是"不垂直",呈"否定性",考虑使用反证法,即假设"垂直"后再导出矛盾,然后肯定"不垂直".

证明 假设 $AC\perp$ 平面 SOB,因为直线 SO 在平面 SOB 内,所以 $AC\perp SO$. 又 $SO\perp$ 底面圆 O,所以 $SO\perp AB$,于是 $SO\perp$ 平面 SAB,故平面 SAB // 底面圆 O. 这显然出现矛盾,所以假设不成立,即 AC 与平面 SOB 不垂直.

点评 否定性的问题常用反证法. 例如证明异面直线,可以假设共面,再把假设作为已知条件推导出矛盾.

(2) 穷举归谬法

如果结论的反面情况有多种,那么必须将所有的反面情况一一驳倒,才能推断原结论成立.

例 6.32 已知 $a+b+c>0, ab+bc+ca>0, abc>0$. 求证: $a>0, b>0, c>0$.

证明 假设 a,b,c 不都是正数,则情况有下面几种:这三个数都为非正数或两个为非正数,一个为正数或一个为非正数,两个为正数.

由 $abc>0$ 可知,这三个数中必有两个为负数,一个为正数. 不妨设 $a<0, b<0, c>0$,则由 $a+b+c>0$,可得 $c>-(a+b)$.

又 $a+b<0$,所以
$$c(a+b)<-(a+b)(a+b),$$
即
$$ab+c(a+b)<-(a+b)(a+b)+ab,$$
亦即
$$ab+bc+ca<-a^2-ab-b^2.$$
因为 $a^2>0, ab>0, b^2>0$,所以
$$-a^2-ab-b^2=-(a^2+ab+b^2)<0,$$
即
$$ab+bc+ca<0.$$
这与已知 $ab+bc+ca>0$ 矛盾,所以假设不成立,因此 $a>0, b>0, c>0$ 成立.

点评 结论的反面有多种情况,但情况中有对称性. 可不妨设其中一种,同理可推出其他情况也矛盾.

参 考 文 献

[1] 波利亚 G.怎样解题:数学思维的新方法[M].涂泓,冯承天,译.上海:上海科技教育出版社,2007.

[2] 陶哲轩.解题·成长·快乐:陶哲轩教你学数学[M].于青林,译.北京:北京大学出版社,2009.

[3] 张景中.数学家的眼光[M].北京:中国少年儿童出版社,2011.

[4] 俞海东.高中数学思维自学课程[M].上海:华东理工大学出版社,2016.

后　　记

　　作者学数学的时候,一直在思考,如何学数学才能学得好.直到高中的时候,有一次看到一本讲逻辑的小册子,发现数学里的很多东西可以用逻辑的知识来解读,才真正感觉找到了学数学的窍门,以后碰到关于数学的东西犹如神助.到自己教书后,如何把数学展示给学生,让学生学好数学并学得轻松些,更是成了作者常常思考的问题.思考的结果是,数学可以分为数学知识、数学方法、数学思想、数学思维和数学逻辑五大内容,五者缺一不可,并且前者作为后者的基础,必须依次把握加深.

　　本书是为解决数学思维在数学知识、数学方法、数学思想上的渗透和数学逻辑在高中数学中的应用而写的,适合中等及以上的学生.在数学基本知识和基本方法已经学得差不多,但对于有点难度和压轴性的题目无法把握的情况下,读者阅读本书会有豁然开朗的感觉.